So schmeckt GEMÜSE!

Sophia Löppert
@fit_sophia_laetitia

So schmeckt GEMÜSE!

60 geniale vegetarische Wohlfühlrezepte für jede Jahreszeit

Sophia Löppert

@fit_sophia_laetitia

riva

INHALT

CAFÉSPHÈRE
PLAÇA DE LA PESCATERIA
AFFOGATOS
CAFE + GELATO
Single Origin
COSTA RICA
BRAZIL
DECAF GUATEMALA
7 SABORES PARA ESCOGER

VORWORT

Steigt man in das Thema »Ernährung« etwas tiefer ein, dann merkt man ziemlich schnell, dass man nichts weiß. Es gibt zu fast allem mindestens zwei Meinungen. Diverse Studien zeigen entweder, dass ein Lebensmittel extragesund oder absolut ungesund ist. In einem einzigen Punkt sind sich aber alle einig: Gemüse ist gesund!

Ich bin wirklich aus tiefstem Herzen ein ganz großer Gemüse-Fan und ich kann nicht oft genug betonen, wie wichtig Gemüse für unsere Gesundheit ist, und das auf wirklich allen Ebenen.

Mit diesem Kochbuch will ich dich mit in meine Küche nehmen und dich davon überzeugen, dass Gemüse geschmacksintensiv, vielseitig und großartig ist. Man braucht (zumindest manchmal) gar nichts anderes, um glücklich zu sein.

Zum Thema »glücklich sein« – ich will mich ganz besonders bei den vielen Hunderttausend Follower*innen bedanken, die mich tagtäglich auf Instagram supporten, meine Rezepte nachkochen und mich zu neuen Rezepten inspirieren. Ohne euch wäre dieses Buch gar nicht möglich gewesen. Und danke auch an dich, dass du dieses Buch gekauft hast und dich für meine Gerichte interessierst. Schreib mit gerne auf Instagram, wenn du Fragen zu meinen Rezepten hast, ich freue mich wirklich sehr über den Austausch!

Apropos »Danke« – ich kann gar nicht sagen, wie sehr ich meiner Familie für den unglaublichen, bedingungslosen und unermüdlichen Support danke! (Familie sind die Menschen, mit denen ich verwandt bin, die kleine Einheit, mit der ich unter einem Dach lebe, und die, die Freundschaft für mich neu definiert haben.)

Ich wünsche dir ganz viel Freude beim Nachkochen meiner Rezepte!

Wir sehen uns auf Instagram!

Deine Sophia

HINWEISE:

Parmesan ist nicht vegetarisch, da er aus tierischem Lab gewonnen wird, für das wiederum die Schlachtung des Tiers notwendig ist. Falls du also darauf verzichten möchtest, greife bitte auf Alternativen wie zum Beispiel einen Montello zurück.

Jeder Backofen ist anders. Bitte halte beim Backen dein Gemüse im Blick, bei der Vorbereitung für dieses Buch habe ich festgestellt, dass kaum ein Ofen wie der andere funktioniert. Deshalb können die angegebenen Zeiten variieren.

Croquetas de Rape
Sashimi mixto
sashimi de salmón
sashimi de atún
Calamares a la andaluza
Spaghetti frutti di mare

FRÜHLING

Für eine vegane Variante kannst du den Ricotta durch die gleiche Menge einer veganen Frischkäse-Alternative und die Butter durch die gleiche Menge einer pflanzlichen Butter-Alternative ersetzen und den Parmesan weglassen.

KNOBLAUCHBUTTER-SPITZKOHL MIT RICOTTA

FÜR 2 PERSONEN ALS HAUPTSPEISE

ZUBEREITUNGSZEIT: CA. 15 MINUTEN • BACKZEIT: CA. 30 MINUTEN

ZUTATEN

1 großer Spitzkohl
6 EL Olivenöl
1 Knoblauchknolle
60 g Parmesan (oder vegetarische Alternative)
3 Zweige Thymian
50 g Butter (weich)
Salz und Pfeffer
1 Handvoll Pistazienkerne (geröstet und gesalzen)
6 EL Ricotta
2 EL Kapern

Für die Soße

4 Knoblauchzehen
2 EL Olivenöl
400 g stückige Tomaten aus dem Glas
Salz und Pfeffer zum Abschmecken
optional: 1 EL Ricotta

1. Backofen auf 200 °C Umluft vorheizen.
2. Spitzkohl waschen, putzen und der Länge nach vierteln. In eine Ofenform legen und mit etwas Olivenöl einstreichen.
3. Die Knoblauchknolle oben abschneiden und die abgeschnittene Stelle ebenfalls mit Olivenöl einstreichen. Knolle mit der offenen Seite nach unten zum Spitzkohl in die Form geben. Spitzkohl ca. 25 Minuten im Ofen backen. Knoblauch nach Bedarf weitere 15 Minuten backen bis er weich ist.
4. Parmesan reiben.
5. Thymian waschen und Blättchen von den Zweigen zupfen. Knoblauch und Spitzkohl aus dem Ofen nehmen. Spitzkohl zur Seite stellen. Knoblauch aus der Schale in eine Schüssel drücken. Mithilfe einer Gabel mit Butter, 50 g Parmesan, Thymian, Salz und Pfeffer vermengen.
6. In der Zwischenzeit für die Soße den Knoblauch abziehen und pressen oder fein hacken. Olivenöl in einem Topf auf mittlerer Stufe erhitzen und den Knoblauch darin ca. 3 Minuten anbraten. Tomaten dazugeben, alles ca. 5 Minuten einkochen lassen, mit Salz und Pfeffer abschmecken und nach Belieben mit etwas Ricotta verfeinern.
7. Spitzkohl mit der Buttermischung einreiben und nochmals ca. 5 Minuten im Ofen überbacken.
8. Tomatensoße auf 2 Tellern verteilen und Spitzkohl darauf anrichten.
9. Ricotta, Kapern, Pistazien und restlichen geriebenen Parmesan über dem Kohl verteilen und sofort servieren.

FETA-STICKS MIT SESAM UND HONIG AUF RUCOLASALAT

FÜR 2–3 PERSONEN ALS VORSPEISE
FÜR 2 PERSONEN ALS HAUPTSPEISE MIT DER DOPPELTEN BIS DREIFACHEN MENGE QUINOA
ZUBEREITUNGSZEIT: CA. 30 MINUTEN

ZUTATEN

50 g Quinoa
½ rote Zwiebel
100 g Rucola
1 Knoblauchzehe
8 EL Olivenöl
Saft von ½ Zitrone
1 TL Honig und 1 EL Honig
1 TL Senf
Salz und Pfeffer
180 g Feta
1 Ei
4 EL Mehl
4 EL heller Sesam

1. Quinoa nach Packungsanweisung kochen.
2. Zwiebel abziehen und in Ringe schneiden.
3. Rucola waschen und verlesen.
4. Knoblauch abziehen, die Zehe hacken oder pressen.
5. 5 EL Olivenöl, Knoblauch, Zitronensaft, 1 TL Honig, Senf, Salz und Pfeffer in einer Schüssel zu einem Dressing vermengen. Dressing beiseitestellen.
6. Feta entlang der kürzeren Seite in ca. 1½ cm breite Sticks schneiden.
7. Das Ei in einer Schüssel mit einem Schneebesen verquirlen und mit Salz und Pfeffer würzen.
8. Mehl und Sesam jeweils in eine weitere Schüssel geben.
9. Feta-Sticks erst in Mehl, dann in Ei und anschließend in Sesam wenden.
10. Das restliche Olivenöl in einer Pfanne auf mittlerer Hitze erwärmen.
11. Feta-Sticks in die Pfanne geben und von allen 4 Seiten in ca. 2 Minuten goldbraun braten. Dabei vorsichtig in der Pfanne wenden, sodass die Sticks nicht auseinanderfallen.
12. Rucola zum Dressing geben und dieses mit den Händen einmassieren.
13. Auf einem Teller erst Rucola, dann Quinoa, rote Zwiebeln und anschließend die Feta-Sticks anrichten. Mit Honig beträufeln.

Für eine vegane Variante kannst du die gleiche Menge einer veganen Feta-Alternative verwenden. Für die Panade kannst du das Ei durch pflanzliche Milch ersetzen und den Feta jeweils zweimal in Mehl und Milch wenden, bevor du ihn im Sesam wendest. Anstelle des Honigs kannst du auf Ahornsirup zurückgreifen.

GRÜNER SPARGEL MIT TAHINISOSSE UND GRANATAPFEL

FÜR 3–4 PERSONEN ALS VORSPEISE ODER BEILAGE

ZUBEREITUNGSZEIT: CA. 10 MINUTEN • BACKZEIT: CA. 15 MINUTEN

ZUTATEN

250 g grüner Spargel
2 EL Olivenöl
Salz und Pfeffer
¼ Bund Petersilie
1 Handvoll Pistazienkerne (geröstet und gesalzen)
100 g Feta
30 g Granatapfelkerne (TK-Ware)

Für die Soße

3 Knoblauchzehen
3 EL Tahini
4 EL Wasser
3 EL Olivenöl
1 TL Agavensirup
Saft von 1 Limette
Salz und Pfeffer

1. Den Backofen auf 180 °C Umluft vorheizen.
2. Spargel putzen, waschen, in eine Auflaufform legen, mit Olivenöl beträufeln und mit Salz und Pfeffer würzen. Ca. 15 Minuten im Ofen schmoren.
3. Für die Soße den Knoblauch abziehen, die Zehen hacken oder pressen und in eine Schüssel geben. Mit den restlichen Zutaten vermengen und so lange rühren, bis die Soße cremig wird. Gegebenenfalls noch mehr Wasser dazugeben.
4. Petersilie waschen, trocken schütteln und fein hacken.
5. Pistazien grob hacken und Feta mit der Hand zerkrümeln.
6. Spargel auf einer Platte anrichten und zuerst die Tahinisoße, dann die Petersilie, die Granatapfelkerne, die Pistazien und den Feta darauf verteilen.

Für eine vegane Variante kannst du den Feta durch die gleiche Menge einer veganen Feta-Alternative ersetzen.

GRÜNER SPARGEL MIT BÄRLAUCH-EIER-SALAT

FÜR 2–3 PERSONEN ALS VORSPEISE ODER BEILAGE

ZUBEREITUNGSZEIT: CA. 15 MINUTEN

ZUTATEN

250 g grüner Spargel
2 EL neutrales Öl
Salz und Pfeffer
1 EL Ahornsirup
2 Eier (gekocht)
½ Bund Petersilie
8 Bärlauchblätter
30 g Butter

1. Spargel putzen, die Enden abschneiden und die Stangen waschen.
2. Öl in einer Pfanne erhitzen und den Spargel darin ca. 5 Minuten rundum scharf abraten. Mit Salz, Pfeffer und Ahornsirup würzen.
3. Eier schälen und in einer Schüssel mit einer Gabel zerdrücken.
4. Petersilie und Bärlauch waschen, trocken schütteln und fein hacken. Unter die Eier mischen.
5. Butter in einem Topf bei mittlerer Hitze schmelzen und ebenfalls mit den Eiern vermischen. Mit Salz und Pfeffer abschmecken.
6. Spargel auf einem Teller anrichten, Bärlauch-Eier-Salat darüber verteilen und sofort servieren.

Für eine vegane Variante kannst du die Eier durch 150 g Seidentofu und die Butter durch die gleiche Menge einer pflanzlichen Butter-Alternative ersetzen.

BUNTE FRÜHLINGS-BOWL MIT HALLOUMI UND HUMMUS

Stopp! Bevor du weiterblätterst, weil dir das Rezept zu kompliziert erscheint: Du kannst es supereinfach abwandeln und einzelne Zutaten ersetzen oder weglassen. Hummus und Halloumi müssen sein, statt Quinoa kannst du zum Beispiel Reis, Amaranth oder Couscous verwenden und bei der Auswahl des Gemüses sind deiner Kreativität keine Grenzen gesetzt.

FÜR 2 PERSONEN ALS HAUPTSPEISE

ZUBEREITUNGSZEIT:
20 MINUTEN MIT FERTIGEM HUMMUS • 35 MINUTEN MIT SELBST GEMACHTEM HUMMUS

ZUTATEN FÜR DIE BOWL

1 Rote Bete (vorgegart)
4 Radieschen
1 Avocado
Salz
100 g Edamame (TK-Ware)
2 mittelgroße Karotten
6 EL Olivenöl
Saft von ½–1 Limette
Pfeffer
80 g Quinoa
1 Handvoll Babyspinat
250 g Halloumi
1 Handvoll Sprossen nach Wahl
1 Handvoll Blaubeeren (Achtung erst ab ca. Juni – alternativ: TK-Ware)
30 g Granatapfelkerne (TK-Ware)
200 g fertiger oder selbst gemachter Hummus (Seite 23)

Zubereitung der Bowl:

1. Rote Bete abtropfen lassen und in sehr dünne Scheiben schneiden.
2. Radieschen putzen, waschen und ebenfalls in dünne Scheiben schneiden.
3. Avocado der Länge nach halbieren, den Kern und die Schale entfernen und Fruchtfleisch auch in dünne Scheiben schneiden.
4. Wasser in einem Topf zum Kochen bringen, salzen und Edamame darin 3 Minuten blanchieren. Dann durch ein Sieb abgießen und abtropfen lassen.
5. Karotten putzen, schälen und mit dem Sparschäler der Länge nach in schmale Streifen schneiden. Karottenstreifen in eine Schüssel geben und mit 4 EL Olivenöl, Limettensaft, Salz und Pfeffer marinieren.
6. Quinoa nach Packungsanweisung kochen und etwas salzen.
7. Spinat waschen und verlesen.
8. Halloumi in ca. 1 cm große Würfel schneiden.

9. Das restliche Öl in einer Pfanne auf mittlerer bis hoher Stufe erhitzen und den Halloumi darin ca. 5 Minuten anbraten.
10. Alle vorbereiteten Zutaten zusammen mit dem Spinat auf 2 Schüsseln verteilen.
11. Mit Sprossen, Blaubeeren, Granatapfelkernen und Hummus garnieren und servieren.

FÜR DEN HUMMUS

240 g Kichererbsen aus dem Glas
2–3 Knoblauchzehen
50 g Tahini
Saft von ½ Limette
40 ml Olivenöl
¼ TL gemahlener Kreuzkümmel
¼ TL Cayennepfeffer
Salz und Pfeffer

Zubereitung des Hummus:

1. Kichererbsen in ein Sieb abseihen und dabei ca. 50 ml der Flüssigkeit auffangen.
2. Knoblauch abziehen und pressen oder sehr fein hacken.
3. Kichererbsen, Kichererbsen-Flüssigkeit, Knoblauch und die restlichen Zutaten in den Mixer geben oder in einer Schüssel mit dem Stabmixer 2–3 Minuten auf hoher Stufe fein pürieren. Nochmals abschmecken und servieren.

Für eine vegane Variante kannst du den Halloumi durch die gleiche Menge einer veganen Feta-Alternative ersetzen. Das Anbraten fällt dann weg.

CHAMPIGNON-PARMESAN-ZITRONEN-SALAT

FÜR 3–4 PERSONEN ALS VORSPEISE ODER BEILAGE

ZUBEREITUNGSZEIT: CA. 15 MINUTEN

ZUTATEN

200 g Champignons
80 g Parmesan (oder vegetarische Alternative)
1 Bund Petersilie
Saft von 1 Zitrone
6 EL Olivenöl
1 TL Ahornsirup
Salz und Pfeffer

1. Champignons putzen und in sehr dünne Scheiben schneiden.
2. Parmesan fein reiben.
3. Petersilie waschen, trocken schütteln und grob hacken.
4. Zitronensaft in einer Schüssel mit Olivenöl, Ahornsirup, Salz und Pfeffer zu einem Dressing vermengen.
5. Erst eine Schicht Champignons in einer Form verteilen, dann eine Schicht Petersilie und eine Schicht Parmesan daraufgeben und etwas Dressing darüberträufeln. Diesen Vorgang so oft wiederholen, bis alle Zutaten aufgebraucht sind.
6. Den Salat idealerweise einen halben Tag durchziehen lassen und erst dann servieren.

Für eine vegane Variante kannst du den Parmesan zum Beispiel durch die gleiche Menge gemahlener Cashewkerne ersetzen.

KARTOFFEL-PASTINAKEN-SUPPE MIT GOCHUJANG-KICHERERBSEN

FÜR 3–4 PERSONEN ALS HAUPTSPEISE

ZUBEREITUNGSZEIT: CA. 20 MINUTEN • KOCHZEIT/BACKZEIT: CA. 50 MINUTEN

ZUTATEN

240 g Kichererbsen aus dem Glas
4 EL neutrales Öl
1 Zwiebel
1 Lauch
20 g Butter
300 g Kartoffeln
2 Pastinaken
600 ml Gemüsebrühe
40 g Sahne
60 g Crème fraîche
Salz und Pfeffer
1 EL Gochujang-Paste
Saft von ½ Zitrone
1 EL Reisessig
1 EL Sojasoße
1–2 EL Ahornsirup
½ TL Speisestärke
¼ Bund Koriander
1 Frühlingszwiebel

1. Backofen auf 220 °C Umluft vorheizen.
2. Kichererbsen durch ein Sieb abseihen, in eine Ofenform geben und mit Öl beträufeln. Ca. 30 Minuten im Ofen backen, bis die Kichererbsen schön knackig sind.
3. Währenddessen Zwiebel abziehen und in Würfel schneiden.
4. Lauch putzen, gründlich waschen und in Ringe schneiden.
5. Butter in einem hohen Topf bei mittlerer bis hoher Hitze schmelzen und Zwiebel und Lauch darin ca. 5 Minuten anbraten.
6. Kartoffeln und Pastinaken schälen, waschen und in grobe Stücke schneiden. Dann mit der Gemüsebrühe ebenfalls in den Topf geben und ca. 20 Minuten auf mittlerer Stufe köcheln lassen.
7. Sahne und Crème fraîche in die Suppe rühren und kurz mitkochen.
8. Suppe mit dem Stabmixer bis zur gewünschten Sämigkeit pürieren. Mit Salz und Pfeffer abschmecken und kurz warm stellen.
9. In einer Pfanne Gochujang-Paste, Zitronensaft, Reisessig, Sojasoße, Ahornsirup und Speisestärke gut vermengen. Eventuell noch etwas Wasser dazugeben.
10. Kichererbsen aus dem Ofen nehmen und in der Soße wenden.
11. Koriander und Frühlingszwiebel waschen, putzen und fein hacken.
12. Die Suppe auf Teller verteilen und mit den Kichererbsen, dem Koriander und der Frühlingszwiebel garnieren.

Für eine vegane Variante kannst du die Butter, die Sahne und die Crème fraîche jeweils durch die gleiche Menge des veganen Pendants ersetzen. Bei der Sojasoße bitte prüfen, ob es eine vegane Variante ist.

GEBACKENER ARTISCHOCKEN-SPINAT-DIP

FÜR 2 PERSONEN ALS VORSPEISE

ZUBEREITUNGSZEIT: CA. 10 MINUTEN • BACKZEIT: CA. 30 MINUTEN

ZUTATEN

2 Schalotten
2 Knoblauchzehen
65 g Artischockenherzen aus dem Glas
2 EL Olivenöl
2 Handvoll Babyspinat
100 g Ricotta
125 g Mozzarella
1 Prise Muskat
Salz und Pfeffer
30 g Parmesan (oder vegetarische Alternative)

1. Backofen auf 200 °C Umluft vorheizen.
2. Schalotten und Knoblauchzehen abziehen und fein hacken.
3. Artischockenherzen abtropfen lassen und in ca. 2 cm große Stücke schneiden. Olivenöl in einer Pfanne erhitzen, Artischockenherzen, Schalotten und Knoblauch darin anbraten. Nach und nach Spinat und Ricotta dazugeben.
4. Mozzarella in Stücke schneiden und ebenfalls untermengen. Alles mit Muskat, Salz und Pfeffer abschmecken.
5. Die Mischung in eine ofenfeste Form füllen.
6. Den Parmesan fein reiben und über die Mischung streuen. Ca. 30 Minuten im Ofen überbacken.
7. Dip in der Ofenform servieren und zum Beispiel Holzofenbrot dazu reichen.

Für eine vegane Variante kannst du den Ricotta durch die gleiche Menge eines veganen Frischkäses und den Mozzarella durch die gleiche Menge eines veganen Fetas ersetzen. Den Parmesan kannst du bei dieser Variante einfach weglassen.

LINSENRÖSTI MIT GRÜNEM SPARGEL UND FRÜHLINGSZWIEBELN

FÜR 2 PERSONEN ALS HAUPTSPEISE

ZUBEREITUNGSZEIT: CA. 30 MINUTEN

ZUTATEN

3 grüne Spargelstangen
4 Frühlingszwiebeln
200 g Linsen
220 ml Wasser
1 gestrichener TL Salz
½ TL Currypulver
6 EL neutrales Öl

Für die Soße

2 EL Sojasoße
2 EL Reisessig
2 EL Wasser
1 EL Sesamöl
1 EL heller Sesam
2 EL Ahornsirup

1. Spargel und Frühlingszwiebeln waschen, putzen und in 2 mm breite Scheiben schneiden.
2. Linsen, Wasser, Salz und Curry in den Mixer geben und auf höchster Stufe ca. 2–3 Minuten mixen, bis ein sämiger Teig entsteht. (Falls dein Mixer nicht so viel Power hat, kannst du die Linsen davor 30 Minuten in einer Schüssel mit Wasser einweichen.)
3. Spargel, Frühlingszwiebeln und Linsenteig in einer Schüssel vermengen.
4. Backofen auf 120 °C Umluft vorheizen.
5. Etwas Öl in einer Pfanne auf mittlerer bis hoher Stufe erhitzen und pro Rösti 1 vollen Esslöffel Teig in die Pfanne geben und leicht platt drücken. Rösti 3–5 Minuten braten, bis die Unterseite goldbraun ist, dann wenden und in 3–5 Minuten fertig braten. Die fertigen Rösti auf einem Teller im Ofen warm stellen.
6. Vorgang wiederholen, bis der Teig aufgebraucht ist.
7. Zutaten für die Soße in einer Schüssel verrühren und mit den Rösti servieren.

Das Rezept ist vegan, sofern du darauf achtest, eine vegane Sojasoße zu verwenden.

Für eine vegane Variante kannst du den Parmesan einfach weglassen oder durch gemahlene Cashewkerne ersetzen.

FRÜHLINGS-MINESTRONE

FÜR 4 PERSONEN ALS HAUPTSPEISE

ZUBEREITUNGSZEIT: CA. 20 MINUTEN • KOCHZEIT: CA. 30 MINUTEN

ZUTATEN

1 Zwiebel
1 Knoblauchzehe
1 Lauch
3 EL Olivenöl und etwas Öl zum Garnieren
1 l Gemüsebrühe
¼ Knollensellerie
1 Karotte
5 mittelgroße Kartoffeln
200 g grüner Spargel
100 g Erbsen (TK-Ware)
¼ Bund Petersilie
40 g Parmesan (oder vegetarische Alternative)
40 g Pinienkerne
Salz und Pfeffer

1. Zwiebel abziehen und in feine Würfel schneiden.
2. Knoblauch abziehen und fein hacken oder pressen.
3. Lauch putzen, gründlich waschen und in ca. 1 cm große Stücke schneiden.
4. 3 EL Olivenöl in einem hohen Topf auf mittlerer bis hoher Stufe erhitzen und Zwiebel, Knoblauch und Lauch darin ca. 3 Minuten anbraten. Dann mit der Gemüsebrühe ablöschen.
5. Sellerie gegebenenfalls schälen und in ca. 1 cm große Würfel schneiden.
6. Karotte und Kartoffeln schälen und waschen. Karotten in ca. 1 cm große Würfel schneiden. Kartoffeln in ca. 2 cm große Würfel schneiden.
7. Sellerie-, Kartoffel- und Karottenwürfel in den Topf geben und ca. 20 Minuten bei mittlerer bis hoher Hitze kochen.
8. Spargel waschen, die Enden abschneiden und die Stangen in ca. 3 cm lange Stücke schneiden. Spargel und Erbsen in den Topf geben und weitere 10 Minuten mitkochen.
9. In der Zwischenzeit Petersilie waschen, trocken schütteln und fein hacken.
10. Parmesan fein reiben.
11. Pinienkerne in einer Pfanne ohne Fett bei mittlerer Hitze ca. 3 Minuten rösten.
12. Suppe mit Salz und Pfeffer abschmecken. Auf 4 Tellern anrichten und mit Petersilie, Parmesan und Pinienkernen garnieren.

KNOBLAUCH-CONFIT

ZUBEREITUNGSZEIT: CA. 10 MINUTEN • BACKZEIT: CA. 2 STUNDEN

ZUTATEN

3 Knoblauchknollen
1 TL grobes Meersalz
200 ml Avocadoöl

1. Backofen auf 120 °C Umluft vorheizen.
2. Knoblauchzehen aus der Knolle lösen, abziehen und in eine ofenfeste Form legen.
3. Mit Meersalz bestreuen und im Anschluss das Avocadoöl darüberträufeln, sodass alle Knoblauchzehen damit bedeckt sind.
4. Form ca. 2 Stunden in den Ofen stellen, bis die Zehen weich und goldbraun sind.

TIPP:
Zum leichteren Abziehen die Knoblauchzehen in ein Glas mit Deckel geben, das Glas zuschrauben und kräftig schütteln. Dann lässt sich die Schale ganz einfach von den Knoblauchzehen lösen.

Das vegane Confit eignet sich ideal für Salate, Sandwiches, Bowls oder aufs Brot. Im Kühlschrank lässt es sich bis zu 2 Wochen aufbewahren.

Aux oeufs frais
N°6
CAKE AU CHOCOLAT

Für eine vegane Variante kannst du den Teig wie folgt abändern: 180 g Mehl, 2 EL Erythrit, 1 Prise Salz, 130 ml Pflanzenmilch, 50 ml Wasser mit Kohlensäure, 1 gestrichener TL Backpulver.

APFELRINGE AUS DER PFANNE MIT RHABARBERKOMPOTT

FÜR 2 PERSONEN ALS HAUPTSPEISE ODER
FÜR 3–4 PERSONEN ALS NACHSPEISE
ZUBEREITUNGSZEIT: CA. 25 MINUTEN

ZUTATEN

Für das Kompott

350 g Rhabarber
Saft von 1 Orange (gerne bio)
5 EL Ahornsirup

Für die Apfelringe

4 Äpfel
100 g Dinkelmehl
2 Eier
1 TL Backpulver
30 g Erythrit
120 g Joghurt
1 Prise Salz
4 EL neutrales Öl
1 EL Erythrit und 1 TL Zimt (vermengt zum Garnieren)

1. Rhabarber putzen, die Enden abschneiden und die Stangen in ca. 1 cm große Stücke schneiden.
2. Orange auspressen und Saft zusammen mit dem Rhabarber und dem Sirup in einen Topf geben. (Falls die Orange bio ist, noch etwas Abrieb von der Orangenschale zufügen.) Kurz aufkochen und anschließend ca. 15 Minuten köcheln lassen, bis der Rhabarber weich ist und die Flüssigkeit leicht zähflüssig geworden ist.
3. Die Äpfel mit dem Sparschäler schälen und das Kerngehäuse mit einem Ausstecher entfernen. Dann Äpfel in ca. 1 cm dicke Ringe schneiden.
4. Für den Teig Dinkelmehl, Eier, Backpulver, Erythrit, Joghurt und Salz in eine Schüssel geben und mit einem Schneebesen oder einem Rührgerät vermengen.
5. Etwas Öl in einer Pfanne auf mittlerer bis hoher Stufe erhitzen.
6. Die Apfelringe erst im Teig wenden und anschließend von beiden Seiten ca. 3 Minuten in der Pfanne braten, bis sie goldbraun sind. Vorgang so oft wiederholen, bis die Apfelringe aufgebraucht sind.
7. Apfelringe auf einem Teller anrichten und mit dem Kompott und der Erythrit-Zimt-Mischung servieren.

PLAZA DEL SOL

SOMMER

Für eine vegane Variante kannst du die Butter durch Margarine und den Parmesan durch einen veganen Reibekäse ersetzen.
Für noch mehr Vielfalt auf dem Teller kannst du die Steaks zum Beispiel mit Quinoa oder Süßkartoffel-Püree servieren – dann reicht das Gericht auch für mehrere Personen.

BLUMENKOHL-STEAKS MIT PARMESAN UND KNOBLAUCH

FÜR 2 PERSONEN ALS HAUPTSPEISE

ZUBEREITUNGSZEIT: CA. 10 MINUTEN • BACKZEIT: CA. 45 MINUTEN

ZUTATEN

1 Blumenkohl
1 große Knoblauchknolle
1 EL Olivenöl
1 Bund Petersilie
75 g Butter (weich, in Stücken)
½ TL Chiliflocken
Salz und Pfeffer
100 g Parmesan (oder vegetarische Alternative)
5 getrocknete Tomaten in Öl
1 Handvoll Pistazienkerne (geröstet und gesalzen)

1. Backofen auf 200 °C Umluft vorheizen.
2. Den Blumenkohl putzen, waschen und in ca. 1½ cm dicke Scheiben schneiden. Scheiben auf einem mit Backpapier belegten Backblech verteilen.
3. Den oberen Teil der Knoblauchknolle abschneiden, die Knolle mit Olivenöl beträufeln und mit der angeschnittenen Seite nach unten ebenfalls auf das Backblech legen. Blech in den Ofen schieben und Blumenkohl ca. 35 Minuten backen.
4. In der Zwischenzeit Petersilie waschen, trocken schütteln und fein hacken.
5. Blumenkohl und Knoblauch aus dem Ofen nehmen. Knoblauch aus der Schale in eine Schüssel drücken und mithilfe einer Gabel mit Butter, Petersilie, Chiliflocken, Salz und Pfeffer vermengen.
6. Blumenkohlscheiben mit der Knoblauchbutter bestreichen.
7. Parmesan fein reiben und gleichmäßig auf den Blumenkohlscheiben verteilen.
8. Getrocknete Tomaten und Pistazien grob hacken und ebenfalls über die Scheiben streuen. Blumenkohl nochmals in den Ofen schieben und 5–10 Minuten überbacken. Dann sofort servieren.

LAUWARMER KAROTTENSALAT MIT FETA, GRANATAPFEL UND PISTAZIEN

FÜR 2–3 PERSONEN ALS VORSPEISE ODER BEILAGE

ZUBEREITUNGSZEIT: CA. 25 MINUTEN

ZUTATEN

4 mittelgroße Karotten
20 g Butter
Salz und Pfeffer
1 Handvoll Pistazienkerne (geröstet und gesalzen)
¼ Bund Petersilie
¼ Granatapfel (ggf. TK-Ware)
180 g Feta

Für das Dressing

3 EL Olivenöl
Saft von 1 ½ Zitrone
1 TL Ahornsirup
Salz und Pfeffer

1. Karotten putzen, schälen und in Stücke schneiden.
2. Butter in einer Pfanne oder einem Topf mit Deckel auf etwas mehr als mittlerer Stufe erhitzen. Karotten darin anbraten, anschließend den Deckel aufsetzen und Karotten ca. 15 Minuten dünsten. Nach Geschmack salzen und pfeffern.
3. In der Zwischenzeit die Zutaten für das Dressing in einer Schüssel vermengen.
4. Pistazien hacken.
5. Petersilie waschen, trocken schütteln und ebenfalls fein hacken.
6. Granatapfelkerne aus der Schale lösen.
7. Karotten in einer Schale anrichten. Feta mit der Hand zerbröseln und darüber verteilen. Pistazien, Petersilie, Granatapfelkerne und Dressing ebenfalls darübergeben und Salat lauwarm servieren.

Für eine vegane Variante kannst du die Butter durch 3 EL neutrales Öl ersetzen und den Feta durch die gleiche Menge einer pflanzlichen Feta-Alternative.

GERÖSTETE ZUCCHINI MIT JOGHURT UND KNOBLAUCH

FÜR 3–4 PERSONEN ALS VORSPEISE ODER BEILAGE

ZUBEREITUNGSZEIT: CA. 10 MINUTEN • BACKZEIT: CA. 35 MINUTEN

ZUTATEN

4 Zucchini
3 EL Olivenöl
Salz und Pfeffer
2–3 Knoblauchzehen
150 g Joghurt

1. Backofen auf 200 °C Umluft vorheizen.
2. Zucchini putzen, waschen und in Scheiben schneiden. In eine Schüssel geben und mit Olivenöl, Salz und Pfeffer vermischen. Dann auf einem mit Backpapier belegten Backblech verteilen und 30–35 Minuten im Ofen backen.
3. Knoblauch abziehen und pressen oder sehr fein hacken und in eine Schüssel geben. Mit Joghurt, Salz und Pfeffer verrühren.
4. Zucchini aus dem Ofen nehmen und mit der Joghurt-Mischung vermengen.

Für eine vegane Variante kannst du den Joghurt durch die gleiche Menge einer veganen Joghurt-Alternative ersetzen.

COUSCOUS MIT RÖSTTOMATEN UND HALLOUMI

FÜR 2 PERSONEN ALS HAUPTSPEISE

ZUBEREITUNGSZEIT: CA. 15 MINUTEN • BACKZEIT: CA. 30 MINUTEN

ZUTATEN

2 Schalotten
4 Knoblauchzehen
250 g Kirschtomaten
5 EL Olivenöl
Salz und Pfeffer
150 g Couscous
½ Bund Koriander
½ Bund Petersilie
½ Gurke
50 g Pistazienkerne (geröstet und gesalzen)
250 g Halloumi
1 EL Ahornsirup
½ TL Chiliflocken

Für das Dressing

4 EL Olivenöl
Saft von ½ Limette
1 TL Ahornsirup
Salz und Pfeffer

1. Backofen auf 200 °C Umluft vorheizen.
2. Schalotten schälen und der Länge nach vierteln.
3. Knoblauch abziehen und Tomaten waschen. Beides mit den Schalotten in eine Ofenform geben. Mit 3 EL Olivenöl beträufeln und mit Salz und Pfeffer würzen. Ca. 30 Minuten im Ofen rösten.
4. Couscous nach Packungsanweisung zubereiten.
5. Kräuter waschen, trocken schütteln und fein hacken.
6. Gurke putzen, waschen und in kleine Würfel schneiden.
7. Pistazien grob hacken.
8. Die Zutaten für das Dressing in einer großen Schüssel vermengen.
9. Couscous, Kräuter, Gurke und Pistazien zugeben und gut vermischen.
10. Halloumi in Scheiben schneiden und in einer Pfanne mit dem restlichen Olivenöl von beiden Seiten ca. 3 Minuten goldbraun anbraten.
11. Ahornsirup und Chiliflocken zufügen und nochmals ca. 1 Minute weitergaren.
12. Alle Zutaten aus der Ofenform mit einem Messer sehr klein hacken oder mit dem Stabmixer pürieren. Dabei etwas vom Sud abschöpfen und beiseitestellen.
13. Auf einem Teller zuerst die Couscous-Kräuter-Mischung, dann die gehackte Tomatenmischung und schließlich den Halloumi anrichten. Den Sud darüberträufeln und alles servieren.

Für eine vegane Variante kannst du den Halloumi durch die gleiche Menge eines veganen Grillkäses deiner Wahl ersetzen.

Für eine vegane Variante kannst du den Mozzarella durch die gleiche Menge einer veganen Mozzarella-Alternative ersetzen und den Parmesan durch Semmelbrösel oder eine vegane Reibekäse-Alternative.

MOZZARELLA-AUBERGINEN IN TOMATENSOSSE

FÜR 2 PERSONEN ALS HAUPTSPEISE

ZUBEREITUNGSZEIT: CA. 15 MINUTEN • BACKZEIT: CA. 40 MINUTEN

ZUTATEN

2 Auberginen
8 EL Olivenöl
Salz und Pfeffer
5 Tomaten
5 Knoblauchzehen
2 Zweige Basilikum
250 g Mozzarella oder Büffelmozzarella
1 TL Ahornsirup
30 g Parmesan (oder vegetarische Alternative)

1. Backofen auf 200 °C Umluft vorheizen.
2. Auberginen putzen, waschen und der Länge nach in ca. 5 mm dicke Scheiben schneiden. Diese auf ein mit Backpapier belegtes Backblech legen. Von beiden Seiten mit 5 EL Olivenöl einstreichen, salzen und pfeffern. Im Ofen ca. 10 Minuten backen.
3. In der Zwischenzeit Tomaten waschen und in Stücke schneiden. Knoblauch abziehen. Beides in eine Ofenform legen, mit dem restlichen Olivenöl beträufeln und mit Salz und Pfeffer würzen. Form auf einen Gitterrost in den Ofen zu den Auberginen stellen und Tomaten ca. 25 Minuten braten.
4. Auberginenscheiben wenden und nochmals 10 Minuten im Ofen backen.
5. Basilikum waschen, trocken schütteln und die Blätter abzupfen.
6. Auberginen aus dem Ofen nehmen. Mozzarella zerzupfen und ca. 1 EL große Häufchen auf eine Hälfte der Auberginenscheiben setzen und mit je 1 Blatt Basilikum belegen.
7. Mozzarella und Basilikum jeweils in die Auberginenscheiben einwickeln und Rollen beiseitelegen.
8. Tomaten aus dem Ofen nehmen und in der Küchenmaschine ca. 30 Sekunden auf hoher Stufe mixen. Mit Ahornsirup, Salz und Pfeffer abschmecken. Dann Soße wieder in die Ofenform geben. Auberginenröllchen darauf verteilen. Parmesan darüberreiben und Auberginen weitere 5–7 Minuten im Ofen überbacken. Sofort servieren.

AUBERGINE MIT DATTEL-FETA-FÜLLUNG

FÜR 2–3 PERSONEN ALS HAUPTSPEISE

ZUBEREITUNGSZEIT: CA. 25 MINUTEN • BACKZEIT: CA. 20 MINUTEN

ZUTATEN

2 Auberginen
6 EL Olivenöl
Salz und Pfeffer
½ TL Currypulver
2 Knoblauchzehen
180 g Feta
2 EL Hüttenkäse
5 Datteln (ohne Kern)
4 Karotten (ggf. in unterschiedlichen Farben)
½ Bund Petersilie
½ Bund Koriander
240 g braune Linsen aus dem Glas

Für das Dressing

6 EL Olivenöl
Saft von ½ Zitrone
1 TL Ahornsirup
1 TL Senf
Salz und Pfeffer

1. Backofen auf 200 °C Umluft vorheizen.
2. Auberginen putzen, waschen und der Länge nach in ca. 5 mm dicke Scheiben schneiden.
3. 5 EL Olivenöl, Salz, Pfeffer und Curry in einem Behältnis vermengen und die Auberginenscheiben von beiden Seiten damit einstreichen. Auf einem mit Backpapier belegten Blech verteilen und ca. 20 Minuten im Ofen backen.
4. Knoblauch abziehen. 1 Zehe in einen Mixer pressen. Feta, das restliche Olivenöl und den Hüttenkäse zugeben und alles auf mittlerer Stufe grob mixen. In eine Schüssel umfüllen.
5. Datteln grob hacken und unter die Feta-Mischung heben.
6. Karotten putzen, schälen und mit einer groben Reibe in eine Salatschüssel reiben.
7. Petersilie und Koriander waschen, trocken schütteln und grob hacken.
8. Linsen in ein Sieb abgießen, mit Wasser spülen und abtropfen lassen.
9. Zutaten für das Dressing in einer Schüssel vermengen. Mit den Kräutern und den Linsen zu den Karotten geben. Die restliche Knoblauchzehe dazupressen und alles gut vermengen.
10. Auberginen aus dem Ofen nehmen und etwas abkühlen lassen, je 2 EL der Feta-Mischung auf eine Hälfte der Auberginenscheiben geben und Scheiben aufrollen. Auberginenrollen auf dem Salat anrichten und servieren.

Für eine vegane Variante kannst du den Feta durch die gleiche Menge einer veganen Feta-Alternative ersetzen und den Hüttenkäse durch eine vegane Frischkäsecreme.

Für eine vegane Variante kannst du den Feta durch die gleiche Menge einer veganen Feta-Alternative ersetzen und den Honig durch die gleiche Menge Ahornsirup.

FETA-KAROTTEN-PÄCKCHEN

FÜR 2 PERSONEN ALS VORSPEISE
ZUBEREITUNGSZEIT: CA. 20 MINUTEN

ZUTATEN

1 sehr große oder
2 mittelgroße Karotten
180 g Feta
2 EL Olivenöl
1 Frühlingszwiebel
1 EL Sesam
1 EL Honig

1. Die Karotte(n) putzen, schälen und anschließend mit dem Sparschäler in dünne Streifen schneiden.
2. Feta in 6 gleich große, flache Würfel schneiden.
3. Je 2 Karottenstreifen nebeneinanderlegen und je 1 Feta-Würfel darin einwickeln. Die Enden der Karotten mit den Fingern so fixieren, dass die Päckchen nicht aufgehen.
4. Wieder 2 Karottenstreifen nebeneinanderlegen und nun die noch freien Seiten der Feta-Würfel damit umwickeln. So wickeln, dass alle Enden auf der Unterseite sind und die Feta-Päckchen nicht aufgehen.
5. Olivenöl in einer Pfanne bei mittlerer bis hoher Hitze erwärmen.
6. Erst die Unterseite der Feta-Karotten-Päckchen darin ca. 5 Minuten anbraten.
7. Anschließend Päckchen wenden und die andere Seite auch ca. 5 Minuten braten.
8. Alle Päckchen auf einem Teller anrichten.
9. Frühlingszwiebel putzen, waschen und in Ringe schneiden. Mit dem Sesam und dem Honig über den Karotten verteilen und sofort servieren.

FRIEMEL-ALARM:

Das Rezept ist nichts für schwache Nerven. Das Wickeln der Karottenstreifen erfordert Geduld und ist ein bisschen knifflig. Aber glaub mir – das Ergebnis ist die Mühe absolut wert.

AVOCADOBUTTER MIT GERÖSTETEN TOMATEN

FÜR 3–4 PERSONEN ZUM DIPPEN

ZUBEREITUNGSZEIT: CA. 15 MINUTEN • BACKZEIT: CA. 25 MINUTEN

ZUTATEN

2 Paprikaschoten
1 Knoblauchknolle
4 EL Olivenöl
Salz und Pfeffer
8 Kirschtomaten
1 Handvoll Babyspinat
2 Avocados
20 g Butter (Zimmertemperatur)
½ TL Chiliflocken
Saft von 1 Limette
½ Bund Petersilie
1 Handvoll Pistazienkerne (geröstet und gesalzen)

1. Backofen auf 220 °C Umluft vorheizen.
2. Paprikaschoten waschen, halbieren und das Kerngehäuse entfernen. Mit der Haut nach oben auf ein mit Backpapier belegtes Backblech legen.
3. Den oberen Teil der Knoblauchknolle abschneiden, mit 1 EL Olivenöl beträufeln und mit Salz und Pfeffer bestreuen. Mit der angeschnittenen Seite nach unten in eine Ofenform setzen.
4. Kirschtomaten waschen, zur Knoblauchknolle geben und das restliche Olivenöl, Salz und Pfeffer darauf verteilen.
5. Form auf das Blech zu den Paprikahälften stellen und alles ca. 25 Minuten im Ofen backen. Knoblauch nach Bedarf etwas länger backen bis er weich ist.
6. Spinat waschen, verlesen und trocken schütteln. Avocados halbieren, Kern und Schale entfernen und Fruchtfleisch mit Butter, Spinat, Salz, Pfeffer und Chiliflocken in einen Mixer geben und 30 Sekunden auf mittlerer Stufe mixen.
7. Avocadobutter auf einem Teller anrichten und mit der Hälfte des Limettensaftes beträufeln.
8. Gemüse aus dem Ofen nehmen und etwas abkühlen lassen.
9. Die Haut der Paprikaschoten abziehen. Den Knoblauch mit den Händen vorsichtig aus der Schale drücken. Tomaten, Paprikaschoten und Knoblauch auf einem Schneidebrett sehr klein hacken, bis eine grobe Masse entsteht.
10. Petersilie waschen, trocken schütteln und hacken. Mit der Masse vermischen und alles mit Salz und Pfeffer abschmecken.
11. Masse auf der Avocadobutter anrichten und den restlichen Limettensaft darüberträufeln. Pistazien darüberstreuen.

Für eine vegane Variante kannst du die Butter durch die gleiche Menge einer pflanzlichen Butter-Alternative ersetzen.

AUBERGINE MIT DATTEL-CURRY-DIP UND GRANATAPFEL

FÜR 2–3 PERSONEN ALS VORSPEISE

ZUBEREITUNGSZEIT: CA. 10 MINUTEN • BACKZEIT: CA. 30 MINUTEN

ZUTATEN

2 Auberginen
5 EL Olivenöl
1 TL edelsüßes Paprikapulver
Salz und Pfeffer
¼ Granatapfel (ggf. TK-Ware)
¼ Bund Petersilie
2 Frühlingszwiebeln

Für die Creme

2 Knoblauchzehen
3 EL Crème fraîche
4 EL Frischkäse
1 gestrichener TL Currypulver
½ TL Salz
5 Datteln (ohne Kern)

1. Backofen auf 220 °C Umluft vorheizen.
2. Auberginen putzen, waschen und der Länge nach vierteln. In einer Schüssel mit Olivenöl, Paprikapulver, Salz und Pfeffer vermischen und dann auf einem mit Backpapier belegten Backblech verteilen. Ca. 30 Minuten im Ofen backen.
3. Für die Creme Knoblauchzehen abziehen, fein hacken oder pressen und mit den übrigen Zutaten für die Creme in einen Mixer geben. Auf mittlerer Stufe ca. 30 Sekunden mixen.
4. Dattel-Curry-Creme auf einem Teller verteilen.
5. Granatapfelkerne aus der Schale lösen.
6. Petersilie waschen, trocken schütteln und hacken.
7. Frühlingszwiebeln putzen, waschen und in Ringe schneiden.
8. Auberginenviertel auf der Creme anrichten und mit Granatapfelkernen, Petersilie und Frühlingszwiebelringen garnieren.

Für eine vegane Variante kannst du den Frischkäse und die Crème fraîche jeweils durch die gleiche Menge des veganen Pendants ersetzen.

BALSAMICO-KAROTTEN MIT BURRATA

FÜR 2 PERSONEN ALS VORSPEISE ODER BEILAGE

ZUBEREITUNGSZEIT: CA. 20 MINUTEN

ZUTATEN

4 Karotten
2 EL Olivenöl
50 ml dunkler Balsamicoessig
40 ml Wasser
1 TL Honig
Salz und Pfeffer
¼ Bund Petersilie
125 g Burrata

1. Karotten putzen, schälen, der Länge nach halbieren und in ca. 2 cm große Stücke schneiden.
2. Olivenöl in einem Topf oder einer Pfanne mit Deckel erhitzen. Karotten darin auf mittlerer bis hoher Stufe ca. 2 Minuten anbraten.
3. Deckel aufsetzen und Karotten 7 Minuten auf mittlerer Stufe weitergaren. Dabei immer wieder umrühren. Mit Balsamico und Wasser ablöschen. Weiterköcheln lassen, bis die Flüssigkeit fast ganz eingekocht ist. Mit Honig, Salz und Pfeffer abschmecken.
4. Petersilie waschen, trocken schütteln und grob hacken.
5. Burrata in Scheiben schneiden und auf einem Teller anrichten. Karotten darauf verteilen und mit Petersilie bestreuen.

Für eine vegane Variante kannst du den Honig durch die gleiche Menge Ahornsirup und die Burrata durch Seidentofu oder veganen Mozzarella ersetzen.

LAUWARMER ZUCCHINISALAT MIT PARMESAN UND BASILIKUM

FÜR 2 PERSONEN ALS VORSPEISE ODER BEILAGE

ZUBEREITUNGSZEIT: CA. 30 MINUTEN

ZUTATEN

3 Zucchini
3 Schalotten
3 EL Olivenöl
Salz und Pfeffer
4 Zweige Basilikum
2 Frühlingszwiebeln
1–2 Knoblauchzehen
30 g Parmesan (oder vegetarische Alternative)
30 g Pinienkerne
Saft von ½ Zitrone

1. Backofen auf 200 °C Umluft vorheizen.
2. Zucchini waschen, putzen und in längliche, ca. 3 cm lange Stücke schneiden.
3. Schalotten abziehen und ebenfalls der Länge nach in Stücke schneiden.
4. Zucchini und Schalotten in eine Ofenform geben, mit Olivenöl, Salz und Pfeffer vermischen und 25–30 Minuten in den Ofen geben.
5. Basilikum waschen, trocken schütteln und mit den Händen klein zupfen.
6. Frühlingszwiebeln putzen, waschen und in Ringe schneiden.
7. Knoblauch abziehen und fein hacken.
8. Parmesan reiben.
9. Pinienkerne in einer Pfanne ohne Öl auf mittlerer Stufe in ca. 3 Minuten goldbraun rösten.
10. Zucchini und Schalotten aus dem Ofen nehmen, in eine Salatschüssel geben und mit den übrigen Zutaten vermengen.
11. Mit dem Zitronensaft beträufeln und sofort servieren.

Für eine vegane Variante kannst du den Parmesan weglassen.

ZUCCHINIRÖLLCHEN MIT FETA UND WALNÜSSEN

FÜR 2–3 PERSONEN ALS HAUPTSPEISE

ZUBEREITUNGSZEIT: CA. 45 MINUTEN

ZUTATEN

2 Zucchini
7 EL Olivenöl
Salz und Pfeffer
½ TL edelsüßes Paprikapulver
180 g Feta
1 Handvoll Walnusskerne
2 EL körniger Frischkäse
1 EL + 1 TL Honig
2 Karotten
3 Frühlingszwiebeln
1 Bund Petersilie
2–3 Knoblauchzehen
240 g Kichererbsen aus dem Glas
Saft von 1 Limette

1. Zucchini putzen, waschen und der Länge nach in ca. 5 mm dicke Streifen schneiden.
2. 5 EL Olivenöl, ½ TL Salz, 1 Prise Pfeffer und Paprikapulver in einer kleinen Schale vermengen. Zucchinistreifen auf beiden Seiten damit einpinseln.
3. Zucchinistreifen auf dem Grill oder in der Pfanne von beiden Seiten ca. 4 Minuten braten, bis sie goldbraun sind. Dann zur Seite stellen.
4. Feta mit der Hand sehr klein krümeln und in eine Schale geben.
5. Walnüsse grob hacken und mit dem körnigen Frischkäse, 1 EL Honig, Salz und Pfeffer zum Feta geben und vermischen.
6. Karotten putzen, schälen und grob in eine Schüssel raspeln.
7. Frühlingszwiebeln putzen, waschen und in Ringe schneiden.
8. Petersilie waschen, trocken schütteln und hacken.
9. Knoblauch abziehen und fein hacken.
10. Kichererbsen in ein Sieb abgießen und abtropfen lassen.
11. Karotten, Frühlingszwiebeln, Petersilie, Knoblauch und Kichererbsen in eine Salatschüssel geben.
12. Aus Limettensaft, dem restlichen Olivenöl, dem restlichen Honig, Salz und Pfeffer in einer Schüssel ein Dressing anrühren. Dressing mit dem Salat vermischen.
13. Je 1 EL der Feta-Mischung auf ein Ende der Zucchinistreifen setzen und die Streifen aufrollen.
14. Zucchiniröllchen auf dem Salat anrichten und servieren.

Für eine vegane Variante kannst du den Feta durch die gleiche Menge einer veganen Feta-Alternative ersetzen, den körnigen Frischkäse weglassen oder durch eine vegane Frischkäse-Alternative ersetzen und den Honig durch Ahornsirup ersetzen.

VOLLKORNSPAGHETTI MIT LINSENBOLOGNESE

FÜR 3 PERSONEN ALS HAUPTSPEISE

ZUBEREITUNGSZEIT: CA. 15 MINUTEN • BACKZEIT: CA. 20 MINUTEN

ZUTATEN

1 Knoblauchknolle
2 Schalotten
12 Kirschtomaten
5 EL Olivenöl
Salz und Pfeffer
250 g Vollkornspaghetti
240 g braune Linsen aus dem Glas
1 EL Frischkäse
1 TL Ahornsirup
optional: geriebener Parmesan und frische Basilikumblätter

1. Backofen auf 200 °C Umluft vorheizen.
2. Den oberen Teil der Knoblauchknolle abschneiden.
3. Schalotten abziehen und in Würfel schneiden.
4. Tomaten waschen und mit den Schalotten in eine ofenfeste Form geben. Mit Olivenöl, Salz und Pfeffer vermischen.
5. Die Knoblauchknolle mit der angeschnittenen Seite nach unten ebenfalls in die Ofenform setzen und alles ca. 20 Minuten in den Ofen geben. Knoblauch nach Bedarf etwas länger backen bis er weich ist.
6. In der Zwischenzeit Vollkornspaghetti nach Packungsanweisung kochen.
7. Gemüse aus dem Ofen nehmen. Knoblauch vorsichtig aus der Form heben und aus der Schale drücken. Alles mit einer Gabel zerdrücken. Falls die Soße feiner sein soll, in den Mixer geben.
8. Linsen in ein Sieb abgießen. Mit dem Frischkäse und dem Ahornsirup unter die Soße mischen und alles mit Salz und Pfeffer abschmecken.
9. Bolognese mit den Vollkornspaghetti servieren und gegebenenfalls frisch geriebenen Parmesan dazu reichen.

Für eine vegane Variante kannst du den Frischkäse weglassen oder durch die gleiche Menge einer veganen Frischkäse-Alternative ersetzen. Den Parmesan kannst du durch fein gehackte Cashewkerne ersetzen.

BURRATA MIT GERIEBENEN TOMATEN UND OLIVENÖL

FÜR 2–3 PERSONEN ALS VORSPEISE ODER APPETIZER

ZUBEREITUNGSZEIT: CA. 10 MINUTEN

ZUTATEN

1 große, sehr reife Fleischtomate
1–2 Knoblauchzehen
Saft von ½–1 Zitrone
½ Tasse Olivenöl (nativ)
1 TL Ahornsirup
Salz und Pfeffer
125 g Burrata

1. Die Tomate halbieren. Tomatenhälften mit den Innenseiten an einer groben Reibe reiben, bis nur noch die Schale der Tomate übrig ist.
2. Knoblauchzehen abziehen und sehr fein hacken.
3. Geriebene Tomate, Knoblauch, Zitronensaft, Olivenöl, Ahornsirup, Salz und Pfeffer in einer Schüssel gut vermengen.
4. Burrata auf einen Teller geben und mit 2 Gabeln in der Mitte auseinanderziehen.
5. Die Tomaten-Olivenöl-Mischung darüber verteilen und sofort servieren.

Für eine vegane Variante kannst du die Burrata durch die gleiche Menge eines veganen Mozzarellas ersetzen.

BALSAMICO-ZUCCHINI MIT BURRATA

FÜR 3–4 PERSONEN ALS VORSPEISE ODER BEILAGE

ZUBEREITUNGSZEIT: CA. 15 MINUTEN

ZUTATEN

3–4 Zucchini
4 EL Olivenöl
2–3 Knoblauchzehen
40 ml dunkler Balsamicoessig
1 TL Ahornsirup
Salz und Pfeffer
125 g Burrata

1. Zucchini putzen, waschen und in Scheiben schneiden.
2. Olivenöl in einer Pfanne erhitzen und Zucchinischeiben darin ca. 3 Minuten von jeder Seite scharf anbraten.
3. Knoblauch abziehen, hacken oder pressen und kurz mitbraten.
4. Mit Essig ablöschen und weitergaren, bis der Essig ein wenig reduziert ist.
5. Mit Ahornsirup, Salz und Pfeffer abschmecken.
6. Zucchini auf einer großen Platte anrichten, Burrata in der Mitte platzieren und servieren.

Für eine vegane Variante kannst du die Burrata ganz einfach durch die gleiche Menge Seidentofu ersetzen.

PANKO-PAPRIKA MIT FETA-FÜLLUNG

FÜR 2–3 PERSONEN ALS VORSPEISE ODER BEILAGE

ZUBEREITUNGSZEIT: CA. 15 MINUTEN • BACKZEIT: CA. 30 MINUTEN

ZUTATEN

3 Paprikaschoten
90 g Feta (im Block)
optional: 6 Zahnstocher
1 großes Ei
Salz und Pfeffer
1 Tasse Vollkornmehl
1 Tasse Pankomehl
4 EL Olivenöl
¼ Bund Petersilie

1. Backofen auf 220 °C Umluft vorheizen.
2. Paprikaschoten waschen, halbieren, entkernen und mit der Haut nach oben auf ein mit Backpapier belegtes Backblech legen. Ca. 30 Minuten in den Ofen geben, bis die Haut oben schwarz wird. Paprikaschoten aus dem Ofen nehmen, etwas abkühlen lassen und die Haut vorsichtig abziehen.
3. Den Feta mittig teilen, sodass 2 schmale Feta-Blöcke entstehen. Blöcke dritteln, je 1 Stück auf eine Seite jeder Paprikahälfte setzen und die andere Seite darüberklappen. Gegebenenfalls mit Zahnstochern fixieren.
4. Das Ei in einer Schüssel verquirlen und mit Salz und Pfeffer würzen.
5. Vollkornmehl und Pankomehl jeweils auf Teller verteilen.
6. Paprika-Feta-Stücke erst in Vollkornmehl, dann in Ei und schließlich in Pankomehl wenden.
7. Olivenöl in einer Pfanne auf mittlerer bis hoher Stufe erhitzen und panierte Stücke darin von jeder Seite ca. 5 Minuten anbraten, bis sie goldbraun sind. Petersilie hacken und die Paprika damit garnieren. Sofort servieren.

Für eine vegane Variante kannst du den Feta durch die gleiche Menge einer veganen Feta-Alternative ersetzen. Das Ei kannst du durch pflanzliche Milch ersetzen.

Für eine vegane Variante kannst du den Feta durch die gleiche Menge einer veganen Feta-Alternative ersetzen.

GERÖSTETER SALAT MIT PAPRIKA, KAROTTEN, GRANATAPFEL UND FETA

FÜR 2 PERSONEN ALS HAUPTSPEISE

ZUBEREITUNGSZEIT: CA. 40 MINUTEN • BACKZEIT: CA. 30 MINUTEN

ZUTATEN

3 Paprikaschoten
240 g Kichererbsen aus dem Glas
3 mittelgroße Karotten
4 EL Olivenöl
½ TL Currypulver
Salz und Pfeffer
1–2 Knoblauchzehen
½ Bund Petersilie
1 Handvoll Minzblätter
¼ Granatapfel (ggf. TK-Ware)
180 g Feta

Für das Dressing

3 EL Olivenöl
1 TL Ahornsirup
Saft von ½ Zitone
Salz und Pfeffer

1. Backofen auf 220 °C Umluft vorheizen.
2. Paprikaschoten waschen, halbieren und entkernen. Mit der Haut nach oben auf ein mit Backpapier belegtes Backblech legen und ca. 30 Minuten in den Ofen geben, bis die Haut oben schwarz wird.
3. Kichererbsen in ein Sieb abgießen und abtropfen lassen.
4. Karotten putzen, schälen und in Scheiben schneiden. Zusammen mit den Kichererbsen in eine Ofenform geben und mit Olivenöl, Curry, Salz und Pfeffer vermischen. Form zu den Paprikaschoten in den Ofen stellen und Kichererbsen und Karotten ebenfalls ca. 30 Minuten backen, bis die Kichererbsen kross sind.
5. Zutaten für das Dressing in einer Schüssel vermengen.
6. Knoblauchzehen abziehen und fein hacken.
7. Petersilie und Minzblätter waschen, trocken schütteln und ebenfalls hacken.
8. Granatapfelkerne aus der Schale lösen.
9. Paprikaschoten aus dem Ofen nehmen, etwas abkühlen lassen und die Haut vorsichtig abziehen. Anschließend Schoten in Stücke schneiden.
10. Alle Zutaten in eine Salatschüssel geben, den Feta darüber zerbröseln und das Dressing darauf verteilen. Gut vermengen und servieren.

GEBRATENE PFIFFERLINGE MIT RÖSTTOMATEN UND BURRATA

FÜR 3–4 PERSONEN ALS VORSPEISE ODER BEILAGE

ZUBEREITUNGSZEIT: CA. 20 MINUTEN • BACKZEIT: 25 MINUTEN

ZUTATEN

10 Kirschtomaten
6 EL Olivenöl
4 EL dunkler Balsamicoessig
1 EL Ahornsirup
Salz und Pfeffer
200 g Pfifferlinge
15 g Butter
2 Burrata (à 125 g)
1 Handvoll Basilikumblätter
optional: Saft von ½ Zitrone

1. Backofen auf 220 °C Umluft vorheizen.
2. Kirschtomaten waschen, in eine Ofenform geben und mit Olivenöl, Balsamico, Ahornsirup, Salz und Pfeffer vermischen. Ca. 20–25 Minuten in den Ofen geben.
3. Pfifferlinge putzen und je nach Größe einmal der Länge nach halbieren. In einer Pfanne mit Butter auf mittlerer bis hoher Stufe in ca. 7 Minuten goldbraun braten. Mit Salz und Pfeffer würzen.
4. Burrata auf einen Teller setzen und mit der Gabel auseinanderziehen.
5. Basilikum waschen und trocken schütteln.
6. Tomaten aus dem Ofen nehmen und um die Burrata verteilen. Sud dabei noch aufheben.
7. Pfifferlinge ebenfalls um die Burrata verteilen. Den Sud der Tomaten über Gemüse und Burrata träufeln. Gericht mit Basilikum garnieren, gegebenenfalls Zitronensaft darüberträufeln und servieren.

Für eine vegane Variante kannst du die Butter durch 2 EL neutrales Öl ersetzen und die Burrata durch die gleiche Menge einer veganen Mozzarella-Alternative.

DICKE BOHNEN MIT AUBERGINEN UND TOMATEN

FÜR 2 PERSONEN ALS HAUPTSPEISE

ZUBEREITUNGSZEIT: CA. 10 MINUTEN • BACKZEIT: CA. 30 MINUTEN

ZUTATEN

2 kleine Auberginen
1 Zwiebel
6 EL Olivenöl
Salz
½ TL Currypulver
½ TL edelsüßes Paprikapulver
1 Knoblauchknolle
250 g Weiße Riesenbohnen aus dem Glas
420 g stückige Tomaten aus dem Glas
1 Bund Petersilie
4 Frühlingszwiebeln
1 EL Ahornsirup
Pfeffer
½ TL Chiliflocken

1. Backofen auf 200 °C Umluft vorheizen.
2. Auberginen putzen, waschen und in ca. 1 ½ cm große Würfel schneiden.
3. Zwiebel abziehen und in feine Würfel schneiden.
4. Auberginen und Zwiebel in eine Ofenform geben und mit 5 EL Olivenöl, Salz, Curry und Paprikapulver vermischen.
5. Knoblauchknolle an der Oberseite abschneiden, mit dem restlichen Olivenöl beträufeln und mit der angeschnittenen Seite nach unten ebenfalls in die Ofenform setzen. Alles ca. 20 Minuten in den Ofen stellen.
6. Riesenbohnen abseihen und mit den stückigen Tomaten ebenfalls zu den Auberginen geben, alles gut vermischen und weitere ca. 10 Minuten im Ofen garen. Knoblauch aus der Schale drücken, fein hacken und unter das Gemüse mischen.
7. In der Zwischenzeit Petersilie waschen, trocken schütteln und hacken.
8. Frühlingszwiebeln putzen, waschen und in Ringe schneiden.
9. Form wieder aus dem Ofen nehmen und die Hälfte der Petersilie und der Frühlingszwiebeln sowie den Ahornsirup untermischen. Mit Salz, Pfeffer und Chiliflocken abschmecken, mit der restlichen Petersilie und den restlichen Frühlingszwiebelringen bestreuen und sofort servieren.

Das Gericht ist vegan.

KAROTTEN-GRANOLA

FÜR 5 GLÄSER À 500 ML FÜLLMENGE

ZUBEREITUNGSZEIT: CA. 10 MINUTEN • BACKZEIT: CA. 40 MINUTEN

ZUTATEN

6 Karotten
100 g Pekannüsse
280 g blütenzarte Haferflocken
50 g kernige Haferflocken
50 g Dinkelflocken
80 g gepuffter Amaranth
10 g Leinsamen
10 g Sesam
220 g Ahornsirup
60 g Kokosöl
½ TL Zimt
1 Prise Salz

1. Backofen auf 160 °C Umluft vorheizen.
2. Karotten putzen, schälen, in kleine Stücke schneiden und in den Entsafter geben.
3. Saft beiseitestellen (oder gleich trinken), für das Rezept wird lediglich der Trester benötigt.
4. Pekannüsse fein hacken. Zusammen mit Karottentrester, Haferflocken (blütenzart und kernig), Dinkelflocken, Amaranth, Leinsamen und Sesam in eine große Schüssel geben.
5. Ahornsirup, Kokosöl, Zimt und Salz in einem Topf langsam erhitzen, bis sich alles gut vermischt hat. Ahornsirup-Kokosöl-Mischung zu den trockenen Zutaten geben und vermengen.
6. Mischung auf einem mit Backpapier belegten Backblech verteilen und ca. 40 Minuten im Ofen backen. Dabei alle 5–7 Minuten mit einem Löffel durchrühren, sodass das Granola von allen Seiten goldbraun gebacken wird. Schmeckt super mit Joghurt, frischen Beeren und Ahornsirup.

Das Granola ist vegan.
Wenn du keinen Entsafter hast, kannst du die Karotten auch einfach fein reiben. Im Anschluss mithilfe eines Küchentuchs den überschüssigen Saft aus den Karottenraspel pressen.

HERBST

Für eine vegane Variante kannst du den Frischkäse durch die gleiche Menge einer veganen Frischkäse-Alternative ersetzen. Anstelle der Burrata kannst du die gleiche Menge einer veganen Feta-Alternative verwenden.

EASY FEIERABENDKÜRBIS MIT RIESENBOHNEN

FÜR 2–3 PERSONEN ALS HAUPTSPEISE

ZUBEREITUNGSZEIT: CA. 30 MINUTEN

ZUTATEN

1 kleiner Hokkaidokürbis
2 Knoblauchzehen
1 Stück Ingwer (ca. 1 cm groß)
5 EL Olivenöl und etwas mehr zum Anrichten
300 ml Gemüsebrühe
250 g Weiße Riesenbohnen aus der Dose
2 mittelgroße Zwiebeln
1 TL Ahornsirup
Salz
2 EL Frischkäse
½ TL Kurkuma
Pfeffer
½ Bund Petersilie
250 g Burrata

1. Kürbis waschen, die Kerne entfernen und das Fruchtfleisch in ca. 2 cm große Stücke schneiden.
2. Knoblauch abziehen und fein hacken.
3. Ingwer schälen und ebenfalls fein hacken.
4. 3 EL Olivenöl in einer Pfanne auf mittlerer Stufe erwärmen. Kürbis, Ingwer und Knoblauch darin 5–7 Minuten anbraten, bis die gewünschte Bräunung erreicht ist.
5. Mit der Gemüsebrühe ablöschen.
6. Bohnen in ein Sieb abgießen und dann in die Pfanne geben. Alles einkochen lassen, bis die Brühe verdampft ist.
7. In der Zwischenzeit die Zwiebeln schälen und in Ringe schneiden. Das restliche Olivenöl in einer weiteren Pfanne auf mittlerer bis hoher Stufe erhitzen und Zwiebeln darin goldbraun braten. Mit Ahornsirup und Salz abschmecken.
8. Frischkäse in die Kürbis-Bohnen-Mischung rühren, mit Kurkuma, Salz und Pfeffer würzen.
9. Petersilie waschen, trocken schütteln und hacken.
10. Burrata etwas auseinanderziehen und mit Zwiebeln und Petersilie auf der Kürbis-Bohnen-Mischung anrichten. Mit etwas Olivenöl beträufeln und sofort servieren.

BUTTERNUTKÜRBIS MIT PARMESANKRUSTE

FÜR 3 PERSONEN ALS BEILAGE ODER VORSPEISE

ZUBEREITUNGSZEIT: CA. 10 MINUTEN • BACKZEIT: CA. 30 MINUTEN

ZUTATEN

- ½ großer Butternutkürbis (oder 1 sehr kleiner)
- 70 g Parmesan (oder vegetarische Alternative)
- 30 g Butter
- 3 Knoblauchzehen
- 1 Handvoll Pekannüsse
- 1 Zweig Rosmarin
- 2 EL Olivenöl
- 1 TL edelsüßes Paprikapulver
- ½ TL Cayennepfeffer
- Salz

1. Backofen auf 200 °C Umluft vorheizen.
2. Den Kürbis mit dem Sparschäler schälen, entkernen und in ca. 1 ½ cm dicke Scheiben schneiden. Auf einer Seite jeder Scheibe mit dem Messer ein ca. 5 mm tiefes Rautenmuster einritzen.
3. Parmesan fein reiben.
4. Butter in einem Topf auf mittlerer Hitze langsam schmelzen. Dann auf dem Boden einer ofenfesten Form verteilen.
5. Parmesan ebenfalls auf dem Boden der Form verteilen.
6. Die Kürbisscheiben mit der angeritzten Seite nach oben auf die Butter-Parmesan-Schicht legen.
7. Knoblauch abziehen und mit der flachen Seite eines großen Messers einmal platt drücken.
8. Pekannüsse grob hacken.
9. Rosmarin waschen, trocken schütteln und in Stücke reißen. Zusammen mit dem Knoblauch und den Pekannüssen ebenfalls in die Ofenform geben.
10. In einer Schüssel Olivenöl, Paprikapulver, Cayennepfeffer und Salz vermengen und die Oberseite des Kürbisses, den Knoblauch und den Rosmarin damit einstreichen.
11. Kürbis ca. 30 Minuten im Ofen backen.
12. Dann aus dem Ofen nehmen und noch ca. 10 Minuten abkühlen lassen, bis sich die Kruste verfestigt hat. Anschließend auf einem Teller anrichten und servieren.

Für eine vegane Variante kannst du den Parmesan durch die gleiche Menge eines veganen Reibekäses ersetzen. Sofern du Backpapier verwendest, kannst du auf die Butter ganz verzichten. Es entsteht dann allerdings keine Parmesankruste, sondern eine köstliche Käsecreme.

Für eine vegane Variante kannst du den Parmesan durch 40 g gemahlene Cashewkerne ersetzen. Anstelle des Halloumi kannst du die gleiche Menge einer veganen Feta-Alternative verwenden. Du musst den Feta dann allerdings mit einem Messer in die Kürbisspalten streichen.

BUTTERNUT-HALLOUMI-KÜRBIS MIT PISTAZIENPESTO

FÜR 2 PERSONEN ALS HAUPTSPEISE

ZUBEREITUNGSZEIT: CA. 20 MINUTEN • BACKZEIT: CA. 45 MINUTEN

ZUTATEN

1 Butternutkürbis
4 EL Olivenöl
Salz und Pfeffer
250 g Halloumi

Für das Pesto

40 g Parmesan (oder vegetarische Alternative)
2 Knoblauchzehen
½ Bund Basilikum
1 TL Salz
100 g Pistazienkerne (geröstet und gesalzen)
100 ml Olivenöl
Pfeffer

1. Backofen auf 200 °C Umluft vorheizen.
2. Kürbis mit einem Sparschäler schälen, der Länge nach halbieren und entkernen.
3. Die Hälften mit der angeschnittenen Seite nach unten auf ein mit Backpapier belegtes Backblech legen.
4. Olivenöl, Salz und Pfeffer in einer Schüssel vermengen und die Oberseiten des Kürbisses damit einstreichen. Kürbis ca. 15 Minuten im Ofen backen.
5. Anschließend aus dem Ofen nehmen und die Oberseite im Abstand von 5 mm quer einschneiden, aber nicht komplett durchschneiden.
6. Halloumi der Breite nach in ca. 2 mm dicke Scheiben schneiden. Die Scheiben vorsichtig in die Spalten des Kürbisses legen. Kürbis nochmals für ca. 30 Minuten im Ofen backen beziehungsweise so lange, bis der Kürbis weich ist.
7. Für das Pesto den Parmesan fein reiben.
8. Knoblauchzehen abziehen und pressen.
9. Basilikum waschen, trocken schütteln und klein zupfen.
10. Alle Zutaten für das Pesto in einen Mixer geben und auf mittlerer Stufe ca. 10 Sekunden mixen.
11. Kürbishälften aus dem Ofen nehmen und das Pesto darauf verteilen. Auf 2 Tellern anrichten und servieren.

ROSENKOHL MIT PARMESANKRUSTE

FÜR 2–3 PERSONEN ALS BEILAGE

ZUBEREITUNGSZEIT: CA. 10 MINUTEN • BACKZEIT: CA. 30 MINUTEN

ZUTATEN

350 g Rosenkohl
50 g Butter
70 g Parmesan (oder vegetarische Alternative)
Salz und Pfeffer

1. Backofen auf 200 °C Umluft vorheizen.
2. Rosenkohl putzen, waschen und halbieren.
3. Butter in einem Topf bei mittlerer Hitze langsam schmelzen. ⅔ der geschmolzenen Butter auf dem Boden einer Ofenform verteilen.
4. Parmesan reiben. ⅔ des geriebenen Parmesans auf die geschmolzene Butter streuen, salzen und pfeffern.
5. Rosenkohl-Hälften mit der Schnittfläche nach unten auf die Butter-Parmesan-Schicht legen.
6. Nun die Oberseite des Rosenkohls mit der restlichen Butter bestreichen und den restlichen Parmesan darüber verteilen. Rosenkohl ca. 25–30 Minuten im Ofen backen.
7. Dann aus dem Ofen nehmen und vor dem Servieren ca. 5–7 Minuten abkühlen lassen, damit sich die Kruste verfestigen kann.

Für eine vegane Variante kannst du den Parmesan durch die gleiche Menge eines veganen Reibekäses ersetzen. Sofern du Backpapier verwendest, kannst du auf die Butter ganz verzichten. Es entsteht dann allerdings keine Parmesankruste, sondern eine köstliche Käsecreme.

Für eine vegane Variante kannst du den Feta durch die gleiche Menge einer veganen Feta-Alternative ersetzen, das Ei durch pflanzliche Milch ersetzen und den Feta jeweils zweimal in Mehl und Milch wenden, bevor du ihn in den Pistazienkernen wendest.

FETA MIT PISTAZIENKRUSTE AUF ROTE-BETE-SALAT

FÜR 2 PERSONEN ALS VORSPEISE

ZUBEREITUNGSZEIT: CA. 25 MINUTEN

ZUTATEN

4 Rote Bete (vorgegart)
6 EL Olivenöl
2 EL dunkler Balsamicoessig
1 EL Granatapfelsirup
Salz und Pfeffer
½ Apfel
1 Handvoll Rucola
½ rote Zwiebel
180 g Feta (im Block)
60 g Pistazienkerne (unbehandelt)
5 EL Mehl
1 Ei

1. Rote Bete in dünne Scheiben schneiden oder hobeln und auf einem Teller anrichten.
2. 3 EL Olivenöl, Balsamico, Granatapfelsirup, Salz und Pfeffer in einer Schüssel vermengen und die Rote Bete damit beträufeln.
3. Apfel waschen, Kerngehäuse entfernen und Fruchtfleisch in dünne Scheiben schneiden.
4. Rucola verlesen, waschen und trocken schütteln.
5. Zwiebel schälen und in feine Streifen schneiden.
6. Apfel, Rucola und Zwiebel auf den Rote-Bete-Scheiben verteilen.
7. Feta in der Mitte teilen.
8. Pistazien fein hacken und in eine Schüssel geben.
9. Mehl ebenfalls in eine Schüssel geben, etwas salzen und pfeffern und gut vermengen.
10. Ei in einer Schüssel verquirlen und mit Salz und Pfeffer würzen.
11. Feta-Hälften erst in Mehl, dann in Ei und schließlich in den gehackten Pistazien wenden.
12. Das restliche Olivenöl in einer Pfanne auf mittlerer bis hoher Stufe erhitzen. Feta-Hälften darin von beiden Seiten in ca. 7 Minuten knusprig braten, sodass der Feta innen weich ist.
13. Auf dem Rote-Bete-Salat anrichten und sofort servieren.

CRISPY SMASHED BROKKOLI

FÜR 2–3 PERSONEN ALS BEILAGE ODER SNACK

ZUBEREITUNGSZEIT: CA. 15 MINUTEN • BACKZEIT: CA. 20 MINUTEN

ZUTATEN

1 Brokkoli
Salz
5 EL Olivenöl
½ TL edelsüßes Paprikapulver
100 g Parmesan (oder vegetarische Alternative)

1. Die einzelnen Röschen vom Brokkoli abtrennen und waschen. In einem großen Topf mit leicht gesalzenem kochenden Wasser 5 Minuten blanchieren.
2. Währenddessen Backofen auf 220 °C Umluft vorheizen.
3. Den Brokkoli aus dem Wasser nehmen und gut abtropfen lassen. Gegebenenfalls mit einem sauberen Küchentuch zusätzlich abtupfen.
4. Die Brokkoli-Röschen auf ein mit Backpapier belegtes Backblech legen und jedes Röschen mit einem Glas platt drücken.
5. Olivenöl, Salz und Paprikapulver in einer Schüssel verrühren und die zerdrückten Brokkoli-Röschen damit bestreichen.
6. Parmesan reiben und auf den Brokkoli-Röschen verteilen.
7. Brokkoli 15–20 Minuten im Ofen backen, bis er am Rand schön knusprig ist.

Für eine vegane Variante kannst du den Parmesan durch die gleiche Menge einer veganen Reibekäse-Alternative ersetzen.

Für eine vegane Variante kannst du den Joghurt durch die gleiche Menge einer veganen Joghurt-Alternative und die Butter durch die gleiche Menge einer pflanzlichen Butter-Alternative ersetzen.

GEBACKENER FENCHEL MIT TAHINI-KRUSTE

ZUBEREITUNGSZEIT: CA. 15 MINUTEN
BACKZEIT: CA. 20 MINUTEN

ZUTATEN

1 große Fenchelknolle
2–3 Knoblauchzehen
5 EL Tahini
1 TL Ahornsirup
½ TL Salz
1 EL Sriracha
Saft von ½ Limette
300 ml Joghurt
3 EL Olivenöl
Salz und Pfeffer
30 g Butter
1 EL Tomatenmark
½ TL Chiliflocken
1 Handvoll Pistazienkerne (geröstet und gesalzen)
¼ Bund Petersilie

1. Backofen auf 220 °C Umluft vorheizen.
2. Fenchel vierteln, putzen und waschen.
3. Knoblauchzehen abziehen.
4. 1 Knoblauchzehe in eine Schüssel pressen und mit Tahini, Ahornsirup, Salz, Sriracha und Limettensaft vermengen. Die Fenchelstücke darin wenden.
5. Fenchel auf ein mit Backpapier belegtes Backblech legen und ca. 20 Minuten im Ofen backen.
6. In der Zwischenzeit den restlichen Knoblauch in eine Schüssel pressen und mit Joghurt, Olivenöl, Salz und Pfeffer verrühren. Soße auf einem Teller verteilen.
7. Fenchel aus dem Ofen nehmen und auf dem Joghurtspiegel anrichten.
8. Butter in einer Pfanne auf mittlerer Stufe schmelzen und Tomatenmark, Chiliflocken und etwas Salz einrühren. Buttermischung über dem Fenchel verteilen.
9. Pistazien grob hacken.
10. Petersilie waschen, trocken schütteln und hacken.
11. Pistazien und Petersilie auf den Fenchel streuen und das Gericht sofort servieren.

KÜRBIS MIT TAHINI-SOSSE

FÜR 2 PERSONEN ALS HAUPTSPEISE

ZUBEREITUNGSZEIT: CA. 15 MINUTEN • BACKZEIT: CA. 30 MINUTEN

ZUTATEN

1 Hokkaidokürbis
6 EL Olivenöl
½ TL Chiliflocken
Salz und Pfeffer
¼ Bund Petersilie
1 Handvoll Pistazienkerne (geröstet und gesalzen)
¼ Granatapfel

Für die Soße

2 Knoblauchzehen
5 EL Tahini (Sesampaste)
Saft von ½ Zitrone
2 EL Sojasoße
1 TL Ahornsirup
Salz

1. Backofen auf 200 °C Umluft vorheizen.
2. Kürbis waschen, entkernen und in Spalten schneiden. Im Anschluss auf ein mit Backpapier belegtes Backblech legen.
3. Olivenöl, Chiliflocken, Salz und Pfeffer in einer kleinen Schüssel vermengen und den Kürbis damit von allen Seiten einstreichen. Kürbis ca. 30 Minuten im Ofen backen.
4. In der Zwischenzeit für die Soße Knoblauch abziehen und pressen oder sehr fein hacken. In eine Schüssel geben und mit den übrigen Zutaten für die Soße vermengen. Immer wieder etwas Wasser dazugeben, bis die gewünschte Konsistenz erreicht ist.
5. Petersilie waschen, trocken schütteln und grob hacken.
6. Pistazien ebenfalls grob hacken.
7. Granatapfelkerne aus der Schale lösen.
8. Kürbis aus dem Ofen nehmen und auf einem Teller anrichten. Dann die Soße darüber verteilen und zum Schluss die Petersilie, die Pistazien und den Granatapfel darübergeben.

Für eine vegane Variante musst du lediglich darauf achten, dass du eine vegane Sojasoße verwendest.

SMASHED KÜRBIS

FÜR 2–3 PERSONEN ALS VORSPEISE ODER BEILAGE

ZUBEREITUNGSZEIT: CA. 15 MINUTEN • BACKZEIT: CA. 35 MINUTEN

ZUTATEN

½ Hokkaidokürbis
6 EL Olivenöl
Salz und Pfeffer
100 g Parmesan (oder vegetarische Alternative)
2 Zweige Salbei

1. Backofen auf 220 °C Umluft vorheizen.
2. Den Kürbis waschen, entkernen und in ca. 3 cm große Stücke schneiden. Auf ein mit Backpapier belegtes Backblech legen, mit 3 EL Olivenöl beträufeln und mit Salz und Pfeffer würzen. Ca. 20 Minuten im Ofen backen.
3. In der Zwischenzeit den Parmesan reiben.
4. Ein rundes Stück Backpapier mit ca. 5 cm Durchmesser zurechtschneiden. Kürbis aus dem Ofen nehmen und das Stück Backpapier auf eines der Kürbisstücke legen. Mit der unteren Seite eines Glases den Kürbis platt drücken. Das Backpapier vorsichtig abziehen und mit den anderen Kürbisstücken genauso verfahren.
5. Salbei waschen, trocken schütteln, die Blätter abzupfen und fein hacken. In einer Schüssel mit dem restlichen Olivenöl vermengen und die platt gedrückten Kürbisstücke damit einstreichen.
6. Parmesan auf dem Kürbis verteilen und nach Belieben nochmals mit Salz und Pfeffer nachwürzen. Kürbis weitere 10–15 Minuten im Ofen überbacken, bis die Kürbisstücke oben und unten knusprig sind und innen cremig weich.

Für eine vegane Variante kannst du den Parmesan durch die gleiche Menge einer veganen Reibekäse-Alternative ersetzen.

KÜRBIS MIT FETA, FEIGEN UND WALNÜSSEN

FÜR 2 PERSONEN ALS HAUPTSPEISE

ZUBEREITUNGSZEIT: CA. 10 MINUTEN • BACKZEIT: CA. 35 MINUTEN

ZUTATEN

½ Hokkaidokürbis
8 EL Olivenöl
180 g Feta
4 Feigen
4 Zweige Rosmarin
1 Handvoll Walnusskerne
1 TL Chiliflocken
Saft von ½ Limette
Meersalz
1 TL Ahornsirup

1. Backofen auf 220 °C Umluft vorheizen.
2. Kürbis waschen, entkernen und in Spalten schneiden.
3. Den Boden einer Ofenform mit 2 EL Olivenöl bestreichen. Kürbisspalten auf den Boden der Form legen und den Feta mit der Hand darüberkrümeln.
4. Feigen waschen, vierteln und ebenfalls in die Form legen.
5. Rosmarin waschen, trocken schütteln, in Stücke zupfen und über dem Kürbis, dem Feta und den Feigen verteilen.
6. Walnusskerne grob hacken und darüberstreuen.
7. Das restliche Olivenöl in einer Schüssel mit Chiliflocken, Limettensaft, etwas Meersalz und Ahornsirup vermengen und über das Gericht träufeln. Alles ca. 35 Minuten im Ofen backen.

Für eine vegane Variante kannst du den Feta durch die gleiche Menge einer veganen Feta-Alternative ersetzen. Ganz streng genommen sind auch Feigen nicht vegan, du kannst sie zum Beispiel durch 6–8 Datteln ersetzen. Achte darauf, dass die Datteln im Ofen nicht verbrennen.

ROTKOHLSALAT MIT ORANGE

FÜR 2–3 PERSONEN ALS HAUPTGERICHT

ZUBEREITUNGSZEIT: CA. 20 MINUTEN • BACKZEIT: CA. 30 MINUTEN.

ZUTATEN

1 große Süßkartoffel
265 g Kichererbsen aus dem Glas
6 EL Olivenöl
Salz
½ TL Currypulver
¼ Rotkohl
2 Orangen
3 Frühlingszwiebeln
250 g Halloumi

Für das Dressing

6 EL Olivenöl
Saft von ½ Zitrone
1 TL Senf
1 TL Honig
Salz und Pfeffer

1. Backofen auf 220 °C Umluft vorheizen.
2. Süßkartoffel schälen, waschen und in ca. 1 cm große Würfel schneiden.
3. Kichererbsen in ein Sieb abgießen und abtropfen lassen. Mit den Süßkartoffeln auf ein mit Backpapier belegtes Backblech legen. Mit 3 EL Olivenöl, Salz und Curry vermischen. Gemüse 25–30 Minuten im Ofen backen, bis die Süßkartoffeln weich und die Kichererbsen knackig sind.
4. Rotkohl putzen, waschen und an der Innenseite mit dem Sparschäler abhobeln (oder in sehr feine Streifen schneiden).
5. Orangen sauber schälen, 2–3 Orangenscheiben zum Garnieren zur Seite legen, den Rest in Würfel schneiden.
6. Frühlingszwiebeln putzen, waschen und in Ringe schneiden.
7. Halloumi in 1 ½ cm große Würfel schneiden.
8. Das restliche Öl in einer Pfanne auf mittlerer bis hoher Stufe erhitzen und den Halloumi darin in ca. 2 Minuten rundum goldbraun braten.
9. Zutaten für das Dressing in einer Schüssel vermengen.
10. Süßkartoffeln, Kichererbsen, Rotkohl, Orangenwürfel, Frühlingszwiebeln und Halloumi in eine große Salatschüssel geben. Dressing darüber verteilen und alles gut vermengen. Mit den Orangenscheiben garnieren.

Für eine vegane Variante kannst du den Halloumi durch die gleiche Menge veganen Feta ersetzen (das Anbraten fällt dann weg). Statt Honig kannst du für das Dressing die gleiche Menge Ahornsirup verwenden.

ROSENKOHL MIT ERDNUSSSOSSE

FÜR 3–4 PERSONEN ALS BEILAGE

ZUBEREITUNGSZEIT: CA. 10 MINUTEN • BACKZEIT: CA. 20 MINUTEN

ZUTATEN

18 Rosenkohlröschen
6 EL neutrales Öl
1 TL Salz
1 TL edelsüßes Paprikapulver
1 TL Ahornsirup
3 Knoblauchzehen
1 Stück Ingwer (daumengroß)
3 EL Erdnussmus
3 EL Sojasoße
Saft von 1 Limette
1 EL Reisessig
1 TL Chiliflocken

1. Backofen auf 220 °C Umluft vorheizen.
2. Rosenkohl putzen, Strunk etwas abschneiden, Röschen halbieren und in eine Ofenform geben. Mit Öl, Salz, Paprikapulver und Ahornsirup vermischen. 15–20 Minuten im Ofen braten.
3. Knoblauch schälen und in eine Schüssel pressen.
4. Ingwer schälen und fein hacken. Mit Erdnussmus, Sojasoße, Limettensaft, Reisessig und Chiliflocken zum Knoblauch geben und vermengen. Bei Bedarf etwas Wasser dazugeben, bis die Soße die gewünschte Konsistenz hat.
5. Soße zusammen mit dem Rosenkohl servieren.

Für eine vegane Variante benötigst du eine vegane Sojasoße, der Rest ist vegan.

GERÖSTETE KÜRBISKERNE

ZUBEREITUNGSZEIT: CA. 5 MINUTEN • BACKZEIT: CA. 25 MINUTEN

ZUTATEN

Kerne von 1 Hokkaidokürbis (mittelgroß)
4 EL Olivenöl
½ TL edelsüßes Paprikapulver
½ TL Curry
¼ TL Salz

1. Backofen auf 200 °C Umluft vorheizen.
2. Kerne aus dem Kürbis herauslösen und das Fleisch von den Kernen entfernen. Kerne abwaschen und mit einem Küchentuch trocken tupfen.
3. Dann in eine Schüssel geben und mit Olivenöl, Paprikapulver, Curry und Salz vermengen. Auf einem mit Backpapier belegten Backblech verteilen und ca. 25 Minuten im Ofen backen.
4. Kerne aus dem Ofen nehmen. Schmeckt super als Topping für Suppen oder zum Snacken.

Die Kürbiskerne sind vegan.

BROKKOLI-PARMESAN-SUPPE

FÜR 2 PERSONEN ALS HAUPTSPEISE

ZUBEREITUNGSZEIT: CA. 20 MINUTEN

ZUTATEN

1 Brokkoli
Salz
50 g Parmesan (oder vegetarische Alternative)
1 Knoblauchzehe
2 EL Frischkäse
2–3 TL Gemüsebrühepulver (ohne Geschmacksverstärker und künstliche Zusätze)
Pfeffer
1 Handvoll Macadamianüsse
¼ Bund Petersilie
2–3 EL Olivenöl

1. Den Brokkoli putzen, waschen und in grobe Stücke schneiden. Den Strunk mit dem Sparschäler etwas abschälen und ebenfalls in Stücke schneiden.
2. Wasser in einem Topf zum Kochen bringen und salzen. Brokkoli darin 5–10 Minuten blanchieren beziehungsweise bis die Brokkolistücke weich sind, aber nicht zerfallen.
3. Anschließend durch ein Sieb abgießen, dabei die Kochflüssigkeit auffangen. Brokkoli in einen Mixer geben.
4. Parmesan reiben und ebenfalls in den Mixer geben – eine kleine Menge zum Garnieren beiseitestellen.
5. Knoblauchzehe abziehen und in den Mixer pressen.
6. Frischkäse, Gemüsebrühepulver und mindestens 3 Kellen Kochwasser zufügen. Alles auf höchster Stufe ca. 1 Minute mixen, bis die gewünschte Sämigkeit erreicht ist.
7. Bei Bedarf noch mehr Kochwasser zugeben. Suppe mit Salz und Pfeffer abschmecken, wieder in den Topf geben und erwärmen.
8. Macadamianüsse grob hacken und in einer Pfanne ohne Öl bei mittlerer Hitze ca. 5 Minuten rösten.
9. Petersilie waschen, trocken schütteln und hacken.
10. Suppe auf Teller verteilen und mit Macadamianüssen, Petersilie, dem restlichen Parmesan und ein paar Tropfen Olivenöl garnieren.

Für eine vegane Variante kannst du den Parmesan weglassen oder durch 1 Handvoll Cashewkerne oder 2 EL Hefeflocken ersetzen. Statt Frischkäse kannst du ganz einfach eine vegane Frischkäse-Alternative nehmen.

KÜRBIS-BIRNEN-CRUMBLE MIT MARONEN UND CRANBERRYS

FÜR 4–5 PERSONEN ALS NACHSPEISE

ZUBEREITUNGSZEIT: CA. 15 MINUTEN • BACKZEIT: CA. 50 MINUTEN

ZUTATEN

½ Hokkaidokürbis
1 Birne
100 g Maronen (vorgegart)
50 g Butter
½ TL Zimt
60 ml Ahornsirup
1 Handvoll getrocknete Cranberrys
Vanilleeis oder Skyr nach Belieben

Für die Streusel

120 g Butter (Zimmertemperatur)
170 g Vollkornmehl
100 g Erythrit
½ TL Zimt
1 Prise Salz

1. Backofen auf 200 °C Umluft vorheizen.
2. Kürbis waschen, entkernen und in ca. 2 cm große Stücke schneiden.
3. Birne waschen, entkernen und ebenfalls in ca. 2 cm große Stücke schneiden. Maronen jeweils einmal halbieren.
4. Die Butter in einem Topf bei mittlerer Hitze langsam schmelzen, dann Zimt und Ahornsirup untermischen.
5. Kürbis, Birne, Cranberrys und Maronen in eine flache Ofenform geben und die Butter-Sirup-Mischung daruntermischen. Dabei darauf achten, dass die Cranberrys eher unter den restlichen Zutaten und nicht obenauf liegen, sonst verbrennen sie im Ofen. Crumble ca. 30 Minuten im Ofen backen.
6. Für die Streusel Butter in Stücke schneiden und in eine Schüssel geben. Vollkornmehl, Erythrit, Zimt und Salz zufügen und alles mit den Händen zu Streuseln kneten.
7. Die Streusel auf dem Crumble verteilen und diesen weitere ca. 20 Minuten im Ofen backen.
8. Am besten warm und zum Beispiel mit 1 Kugel Vanilleeis oder etwas Skyr servieren.

Für eine vegane Variante kannst du die Butter durch die gleiche Menge einer pflanzlichen Butter-Alternative ersetzen. Vanilleeis und Skyr bekommst du im Einzelhandel auch in veganer Abwandlung.

RPH onions

WINTER

Für eine vegane Variante kannst du statt der Butter die gleiche Menge einer pflanzlichen Butter-Alternative nehmen. Den Parmesan kannst du durch gemahlene Cashewkerne ersetzen oder ganz weglassen.

ROASTED BUTTERNUT-PASTA MIT SALBEI

FÜR 2–3 PERSONEN ALS HAUPTSPEISE

ZUBEREITUNGSZEIT: CA. 20 MINUTEN • BACKZEIT: CA. 50 MINUTEN

ZUTATEN

1 Butternutkürbis (ca. 900 g)
1 Knoblauchknolle
5 EL Olivenöl
Salz
500 g Mehl ggf. etwas mehr zum Kneten
1 Handvoll Pekannüsse
2 Zweige Salbei
30 g Butter
Pfeffer
30 g Parmesan (oder vegetarische Alternative)

1. Backofen auf 220 °C Umluft vorheizen.
2. Den Kürbis waschen, in der Mitte teilen und entkernen. In eine Ofenform legen.
3. Die Oberseite der Knoblauchknolle abschneiden und mit Olivenöl beträufeln. Knolle mit der angeschnittenen Seite nach unten ebenfalls in die Form setzen. Kürbis ca. 50 Minuten im Ofen backen, bis er weich ist.
4. Das Kürbisfleisch mit einem Löffel aus der Schale lösen und in einen Mixer geben.
5. Knoblauch mit den Händen aus der Schale in den Mixer drücken. 1 TL Salz und Mehl zufügen und alles auf hoher Stufe ca. 2 Minuten mixen.
6. Teig aus dem Mixer nehmen und mit den Händen zu einer Kugel formen. Falls der Teig zu klebrig ist, noch etwas mehr Mehl einarbeiten.
7. Eine Arbeitsfläche bemehlen und mit einer sauberen Küchenschere kleine (ca. 2 cm lange) Nocken vom Teig abschneiden und auf der bemehlten Arbeitsfläche nebeneinanderlegen.
8. Salzwasser in einem großen Topf zum Kochen bringen. Nocken darin köcheln lassen, bis sie oben schwimmen.
9. Währenddessen Pekannüsse hacken, Salbei waschen, trocken schütteln und die Blätter abzupfen. Butter in einer Pfanne schmelzen, Nocken mit einem Schaumlöffel aus dem Salzwasser heben und in die Pfanne geben. Pekannüsse und Salbei zufügen und Nocken ca. 5 Minuten in der Pfanne schwenken. Mit Salz und Pfeffer abschmecken.
10. Parmesan reiben und untermischen.
11. Pasta auf Tellern anrichten und sofort servieren.

SÜSSKARTOFFEL-HALLOUMI-SALAT MIT GRANATAPFEL UND CASHEWKERNEN

FÜR 2–3 PERSONEN ALS HAUPTSPEISE

ZUBEREITUNGSZEIT: CA. 15 MINUTEN • BACKZEIT: CA. 30–35 MINUTEN

ZUTATEN

2 mittelgroße Süßkartoffeln
6 EL Olivenöl
Salz und Pfeffer
½ Bund Koriander
¼ Bund Minze
3 Frühlingszwiebeln
2–3 Knoblauchzehen
1 Handvoll Cashewkerne
½ Granatapfel
250 g Halloumi
optional: ½ TL Chiliflocken

Für das Dressing

4 EL Olivenöl
1 TL Ahornsirup
Saft von 1 kleinen Zitrone
Salz und Pfeffer

1. Backofen auf 200 °C Umluft vorheizen.
2. Süßkartoffeln schälen, waschen und in ca. 2 cm große Würfel schneiden. Auf ein mit Backpapier belegtes Backblech legen und mit 4 EL Olivenöl, Salz und Pfeffer vermischen. 30–35 Minuten im Ofen backen.
3. Koriander und Minze waschen, trocken schütteln und hacken.
4. Frühlingszwiebeln putzen, waschen und grob hacken.
5. Knoblauch abziehen und ebenfalls fein hacken.
6. Cashewkerne grob hacken.
7. Granatapfelkerne aus der Schale lösen.
8. Halloumi in ca. 1 cm große Würfel schneiden. Das restliche Olivenöl in einer Pfanne erhitzen und den Halloumi darin bei mittlerer bis hoher Hitze in ca. 4 Minuten rundum anbraten. Nach Geschmack mit Chiliflocken würzen.
9. Zutaten für das Dressing in einer Schüssel vermischen.
10. Alle vorbereiteten Zutaten in eine große Salatschüssel geben, das Dressing darüber verteilen und alles gut vermengen.

Für eine vegane Variante kannst du den Halloumi durch die gleiche Menge einer veganen Grillkäse-Alternative ersetzen.

Für eine vegane Variante kannst du den Parmesan weglassen oder durch die gleiche Menge einer veganen Reibekäse-Alternative ersetzen. Statt Ei und Sahne verwendest du 60 g Kichererbsenmehl und 40 ml Wasser (gegebenenfalls etwas mehr), du gibst die Mischung aber vor den Rosen in die Form. Den Frischkäse kannst du ganz einfach durch die gleiche Menge des veganen Pendants ersetzen.

SÜSSKARTOFFELROSEN MIT PARMESAN

FÜR 2 PERSONEN ALS HAUPTSPEISE

ZUBEREITUNGSZEIT: CA. 20 MINUTEN • BACKZEIT: CA. 25 MINUTEN

ZUTATEN

2 EL Olivenöl
1 mittelgroße Süßkartoffel
1 Ei
4 EL Sahne
Salz und Pfeffer
30 g Parmesan (oder vegetarische Alternative)
1 Avocado
4 EL Frischkäse
¼ Granatapfel
1 Handvoll Walnusskerne

1. 6 Mulden eines Muffinblechs mit Olivenöl einfetten.
2. Süßkartoffel schälen, waschen und mit einer Mandoline in sehr dünne Scheiben hobeln. Auf einem Schneidebrett ca. 12 Süßkartoffelscheiben bis zur Hälfte überlappend übereinanderlegen. Die entstandene Süßkartoffelreihe mit einem Messer der Länge nach in der Mitte durchschneiden.
3. Die halben Süßkartoffelreihen vorsichtig der Länge nach einrollen. Falls die entstandene Rose zu klein ist, eine weitere Reihe darüberrollen.
4. Rosen mit der angeschnittenen Seite nach unten in das Muffinblech setzen.
5. Den Vorgang so lange wiederhohlen, bis 6 Mulden mit Rosen gefüllt sind und keine Süßkartoffel mehr übrig ist.
6. Backofen auf 220 °C Umluft vorheizen.
7. Ei, Sahne, Salz und Pfeffer in einer Schüssel verrühren und über den Rosen verteilen.
8. Parmesan fein reiben und die Rosen damit bestreuen. Rosen ca. 25 Minuten auf einer der unteren Schienen im Ofen backen.
9. Währenddessen Avocado halbieren, Kern und Schale entfernen und das Fruchtfleisch in einen Mixer geben. Frischkäse, Salz und Pfeffer zufügen und alles zu einer Creme mixen (oder in einer Schüssel mit einer Gabel zerdrücken).
10. Granatapfelkerne aus der Schale lösen. Walnüsse fein hacken.
11. Avocadocreme auf 2 Tellern verteilen, je 3 Rosen darauf anrichten und mit Granatapfelkernen und Walnüssen garnieren.

TIPP:

Je dünner die Scheiben gehobelt werden, desto einfacher kannst du später die Rosen daraus machen. Nimm dir ausreichend Zeit für die Vorbereitung, es braucht ein wenig Übung.

PARMESAN-WIRSING MIT SÜSSKARTOFFELPÜREE

FÜR 2 PERSONEN ALS HAUPTSPEISE

ZUBEREITUNGSZEIT: CA. 20 MINUTEN • BACKZEIT: CA. 30 MINUTEN

ZUTATEN

265 g Kichererbsen aus dem Glas
5 EL Olivenöl
½ TL edelsüßes Paprikapulver
Salz und Pfeffer
2 mittelgroße Süßkartoffeln
10–12 Wirsingblätter
1 Schalotte
20 g Parmesan (oder vegetarische Alternative)
30 g Sahne
10 g Butter
½ TL Currypulver

1. Backofen auf 220 °C Umluft vorheizen.
2. Kichererbsen in ein Sieb abgießen, abtropfen lassen und auf ein mit Backpapier belegtes Backblech geben. Mit 4 EL Olivenöl, Paprikapulver, Salz und Pfeffer vermischen und ca. 30 Minuten im Ofen backen.
3. Die Süßkartoffeln schälen, waschen und in grobe Würfel schneiden. Wasser mit etwas Salz in einem großen Topf zum Kochen bringen und Süßkartoffeln darin ca. 15 Minuten kochen, bis sie weich sind.
4. Wirsingblätter waschen, den harten Strunk entfernen und die Blätter in grobe Stücke zerteilen.
5. Schalotte schälen und fein würfeln.
6. Das restliche Olivenöl in einer Pfanne auf mittlerer bis hoher Stufe erhitzen und Schalotte und Wirsing darin ca. 5 Minuten braten.
7. Parmesan reiben.
8. Sahne zu dem Wirsing in den Topf gießen und Parmesan einrühren. Wirsing weitere 5 Minuten garen, dann mit Salz und Pfeffer abschmecken.
9. Süßkartoffeln in ein Sieb abgießen und in einen Mixer oder eine flache Schüssel geben. Butter, Curry, Salz und Pfeffer zufügen. Gemüse entweder zu einem feinen Püree mixen oder mit dem Kartoffelstampfer zerdrücken.
10. Auf 2 Tellern erst das Püree, dann den Wirsing und zum Schluss die Kichererbsen anrichten und servieren.

Für eine vegane Variante kannst du statt Sahne und Parmesan eine vegane Frischkäse-Alternative verwenden. Die Butter im Püree kannst du weglassen oder durch eine pflanzliche Butter-Alternative ersetzen.

ORANGEN-CHILI-LAUCH MIT LINSENCREME

FÜR 2–3 PERSONEN ALS VORSPEISE

ZUBEREITUNGSZEIT: CA. 20 MINUTEN

ZUTATEN

Salz
100 g rote Linsen (trocken)
2 Knoblauchzehen
2 EL Tahini
3 EL Olivenöl
½ TL gemahlener Kreuzkümmel
Saft von 1 Limette
Pfeffer
1 Stange Lauch
2 EL neutrales Öl
Saft von 1 Orange
1 EL Ahornsirup
1 TL Chiliflocken und etwas mehr zum Garnieren

1. Leicht gesalzenes Wasser in einem Topf zum Kochen bringen.
2. Linsen in ein Sieb füllen, waschen, abtropfen lassen und in den Topf geben. 10 Minuten köcheln lassen.
3. Knoblauch abziehen und pressen oder hacken.
4. Linsen in ein Sieb abgießen, dabei das Kochwasser auffangen.
5. Linsen, Knoblauch, Tahini, 2 EL Olivenöl, Kreuzkümmel, die Hälfte des Limettensafts, Salz und Pfeffer in einen Mixer geben und auf hoher Stufe fein mixen. Je nach gewünschter Konsistenz etwas vom Linsenwasser dazugeben und gegebenenfalls nochmals mixen. Linsencreme zur Seite stellen.
6. Lauch putzen, gründlich waschen und in ca. 1½ cm breite Stücke schneiden.
7. Das neutrale Öl in einer unbeschichteten Pfanne erhitzen und Lauch darin von beiden Seiten scharf anbraten. Dabei darauf achten, dass der Lauch intakt bleibt und die Ringe sich nicht lösen. Anschließend mit Orangensaft und dem restlichen Limettensaft abloschen.
8. Ahornsirup, Chiliflocken und Salz dazugeben. Auf mittlerer Stufe so lange weitergaren, bis die Flüssigkeit etwas reduziert ist.
9. Linsencreme auf einem Teller verteilen, Lauch darauf anrichten und die Flüssigkeit aus der Pfanne darüberträufeln. Mit Chiliflocken und dem restlichen Olivenöl garnieren.

Das Rezept ist vegan.

PASTINAKEN-ROSENKOHL-GRATIN MIT GETROCKNETEN TOMATEN

FÜR 2–3 PERSONEN ALS HAUPTSPEISE

ZUBEREITUNGSZEIT: CA. 15 MINUTEN • BACKZEIT: CA. 40 MINUTEN

ZUTATEN

20 Rosenkohlröschen
2 Pastinaken
1 Stange Lauch
3 EL Olivenöl
Salz und Pfeffer
8 getrocknete Tomaten in Öl
100 g Cheddar
100 g Bergkäse
150 g Sahne
1 Handvoll Pekannüsse
¼ Bund Petersilie

1. Backofen auf 200 °C Umluft vorheizen.
2. Rosenkohl putzen, waschen, den Strunk abschneiden und die Röschen halbieren.
3. Pastinaken schälen und in ca. 2 cm große Stücke schneiden.
4. Lauch putzen, gründlich waschen, der Länge nach halbieren und in ca. 1 cm dicke Stücke schneiden.
5. Gemüse in eine Ofenform geben und mit Olivenöl, Salz und Pfeffer vermischen. Ca. 25 Minuten im Ofen backen, dabei immer wieder durchmengen, damit das Gemüse von allen Seiten gebraten wird.
6. Tomaten etwas abtropfen lassen und in Streifen schneiden.
7. Cheddar und Bergkäse grob reiben.
8. Gemüse aus dem Ofen nehmen, Sahne und Tomatenstreifen untermischen und alles mit Cheddar und Bergkäse bedecken. Nochmals ca. 15 Minuten im Ofen überbacken.
9. Pekannüsse grob hacken und 5 Minuten vor Ende der Backzeit über das Gratin streuen.
10. Petersilie waschen, trocken schütteln und hacken.
11. Gratin aus dem Ofen nehmen und mit Petersilie garniert servieren.

Für eine vegane Variante kannst du die Sahne durch die gleiche Menge einer veganen Creme ersetzen und den Käse durch die gleiche Menge einer veganen Reibekäse-Alternative.

GEBACKENER CHICORÉE MIT PARMESAN UND HASELNÜSSEN

FÜR 2–3 PERSONEN ALS VORSPEISE ODER BEILAGE

ZUBEREITUNGSZEIT: CA. 15 MINUTEN • BACKZEIT: CA. 25 MINUTEN

ZUTATEN

2 Chicorée
3 EL Olivenöl
1 EL Ahornsirup
Salz
¼ TL Chiliflocken
100 g Parmesan (oder vegetarische Alternative)
¼ Bund Petersilie
1 Handvoll Haselnusskerne
Saft von ½ Zitrone

1. Backofen auf 220 °C Umluft vorheizen.
2. Chicorée putzen, waschen, der Länge nach vierteln und in eine Ofenform legen.
3. Olivenöl, Ahornsirup, Salz und Chiliflocken in einer Schüssel vermischen und Chicorée damit beträufeln.
4. Parmesan reiben und über den Chicorée streuen.
5. Chicorée ca. 25 Minuten im Ofen backen.
6. Petersilie waschen, trocken schütteln und grob zerschneiden.
7. Haselnüsse grob hacken und in einer Pfanne ohne Fett auf mittlerer Stufe ca. 5 Minuten rösten.
8. Chicorée aus dem Ofen nehmen, mit Zitronensaft beträufeln und mit Petersilie und Haselnüssen bestreuen.

Für eine vegane Variante kannst du den Parmesan durch die gleiche Menge einer veganen Reibekäse-Alternative ersetzen.

BALSAMICO-SCHALOTTEN MIT SÜSSKARTOFFELN

FÜR 2 PERSONEN ALS HAUPTSPEISE

ZUBEREITUNGSZEIT: CA. 15 MINUTEN • BACKZEIT: CA. 25 MINUTEN

ZUTATEN

2 Süßkartoffeln
7 EL Olivenöl
½ TL edelsüßes Paprikapulver
Salz und Pfeffer
6 Schalotten
50 ml dunkler Balsamicoessig
50 ml Wasser
1 TL Honig
2 Burrata (à 125 g)
¼ Bund Petersilie

1. Backofen auf 200 °C Umluft vorheizen.
2. Süßkartoffeln schälen, waschen, in ca. 1 cm dicke Scheiben schneiden und auf ein mit Backpapier belegtes Backblech legen.
3. 5 EL Olivenöl, Paprikapulver, Salz und Pfeffer in einer Schüssel verrühren und Süßkartoffelscheiben damit bestreichen. Ca. 25 Minuten im Ofen backen.
4. Schalotten schälen und der Länge nach vierteln. Das restliche Olivenöl in einer Pfanne erhitzen und Schalotten darin kurz scharf anbraten.
5. Mit Balsamico und Wasser ablöschen und auf mittlerer Stufe ca. 5 Minuten köcheln lassen, bis die Flüssigkeit reduziert ist. Mit Honig, Salz und Pfeffer abschmecken.
6. Burrata in Stücke zerpflücken. Petersilie waschen, trocken schütteln und hacken.
7. Süßkartoffelscheiben auf 2 Tellern anrichten. Burrata-Stücke und Balsamico-Schalotten darauf verteilen. Mit Petersilie bestreut servieren.

Für eine vegane Variante kannst du den Honig durch die gleiche Menge Ahornsirup und die Burrata durch eine vegane Mozzarella-Alternative ersetzen.

Für eine vegane Variante kannst du den Feta durch die gleiche Menge einer veganen Feta-Alternative und den Parmesan durch 1 EL Hefeflocken ersetzen.

GRÜNKOHLSALAT MIT SÜSSKARTOFFEL UND FETA

FÜR 2 PERSONEN ALS HAUPTSPEISE

ZUBEREITUNGSZEIT: CA. 15 MINUTEN • BACKZEIT: CA. 25 MINUTEN

ZUTATEN

1 Süßkartoffel
265 g Kichererbsen aus dem Glas
4 EL Olivenöl
1 TL Currypulver
1 TL edelsüßes Paprikapulver
Salz und Pfeffer
1 Avocado
1 Apfel
150 g Grünkohl
1 Handvoll Cranberrys
100 g Feta

Für das Dressing

50 g Parmesan (oder vegetarische Alternative)
1 Schalotte
2 Knoblauchzehen
½ Bund Basilikum
Saft von ½ Limette
60 ml Olivenöl
1 Handvoll Pekannüsse
Salz und Pfeffer

1. Backofen auf 220 °C Umluft vorheizen.
2. Süßkartoffel schälen, waschen und in ca. 1 cm große Würfel schneiden. Auf einem mit Backpapier belegten Backblech verteilen.
3. Kichererbsen in ein Sieb abgießen, abtropfen lassen und ebenfalls auf das Backblech geben. Süßkartoffeln und Kichererbsen mit Olivenöl, Curry, Paprikapulver, Salz und Pfeffer vermischen und ca. 25 Minuten im Ofen backen, bis die Kichererbsen knackig und die Süßkartoffeln weich sind.
4. Avocado halbieren, Kern und Schale entfernen und das Fruchtfleisch in sehr dünne Scheiben schneiden.
5. Apfel waschen, halbieren, entkernen und ebenfalls in dünne Scheiben schneiden.
6. Für das Dressing Parmesan reiben.
7. Schalotte abziehen und halbieren.
8. Knoblauch abziehen und pressen oder fein hacken.
9. Basilikum waschen, trocken schütteln und hacken.
10. Parmesan, Schalotte, Knoblauch und Basilikum mit den übrigen Zutaten für das Dressing in einen Mixer geben. Auf hoher Stufe 1–2 Minuten mixen. Falls das Dressing zu dickflüssig ist, etwas Wasser dazugeben.
11. Grünkohl waschen, in mundgerechte Stücke zupfen und in eine Schüssel geben. ⅔ des Dressings darüberträufeln und mit den Händen in den Grünkohl einmassieren.
12. Süßkartoffelstücke, Kichererbsen, Avocado- und Apfelscheiben und Cranberrys auf dem Grünkohl verteilen.
13. Feta mit den Händen darüberkrümeln und den Rest des Dressings darüberträufeln.

SÜSSKARTOFFEL-FETA-SALAT MIT DATTELN UND TAHINI-SOSSE

FÜR 2 PERSONEN ALS HAUPTSPEISE

ZUBEREITUNGSZEIT: CA. 15 MINUTEN • BACKZEIT: CA. 30 MINUTEN

ZUTATEN

2 mittelgroße Süßkartoffeln
5 EL Olivenöl
1 TL Ras el-Hanout
Salz und Pfeffer
1 Handvoll Mandeln
1 Handvoll Pekannüsse
½ Bund Petersilie
¼ Bund Minze
¼ Bund Koriander
2 Knoblauchzehen
4 Medjoul-Datteln
180 g Feta

Für das Dressing

4 EL Tahini
4 EL Olivenöl
2 EL Joghurt
1 TL Ahornsirup
Saft von ½ Zitrone
¼ TL Chilipulver
Salz und Pfeffer

1. Backofen auf 200 °C Umluft vorheizen.
2. Süßkartoffeln schälen, waschen und in ca. 1½ cm große Stücke schneiden. In eine Ofenform legen und mit Olivenöl, Ras el-Hanout, Salz und Pfeffer vermischen. 25–30 Minuten im Ofen backen.
3. Mandeln und Nüsse fein hacken und in einer Pfanne ohne Öl auf mittlerer Stufe ca. 5 Minuten rösten.
4. Kräuter waschen, trocken schütteln und fein hacken.
5. Knoblauchzehen abziehen und pressen oder fein hacken.
6. Datteln entkernen und in kleine Stücke schneiden.
7. Feta mit der Hand zerbröseln.
8. Zutaten für das Dressing in einer Schüssel vermengen. Falls die Konsistenz zu dickflüssig ist, etwas Wasser dazugeben.
9. Süßkartoffelstücke aus dem Ofen nehmen, zusammen mit den übrigen Zutaten und dem Dressing in eine Salatschüssel geben und vermengen.

Für eine vegane Variante kannst du den Feta durch die gleiche Menge einer veganen Feta-Alternative ersetzen. Den Joghurt kannst du ebenfalls durch das vegane Pendant ersetzen.

SCHARFE SÜSSKARTOFFEL MIT JOGHURT UND KNOBLAUCH

FÜR 2 PERSONEN ALS HAUPTSPEISE

ZUBEREITUNGSZEIT: CA. 10 MINUTEN • BACKZEIT: CA. 30 MINUTEN

ZUTATEN

2 mittelgroße Süßkartoffeln
5 EL Olivenöl
3 Knoblauchzehen
200 g griechischer Joghurt
Salz und Pfeffer
3 Frühlingszwiebeln
40 g Butter
1 TL Chiliflocken
2 EL Agavensirup

1. Backofen auf 220 °C Umluft vorheizen.
2. Süßkartoffeln waschen, halbieren und mit den Schnittflächen nach oben auf ein mit Backpapier belegtes Backblech setzen. Mit 1 EL Olivenöl einstreichen.
3. Süßkartoffeln ca. 30 Minuten im Ofen backen, bis sie weich sind.
4. Währenddessen Knoblauch abziehen, fein hacken und in einer Schüssel mit Joghurt, dem restlichen Olivenöl, Salz und Pfeffer vermengen.
5. Frühlingszwiebeln putzen, waschen, fein hacken und zur Seite stellen.
6. Joghurt auf 2 flache Teller verteilen. Jeweils 2 Süßkartoffelhälften darauf anrichten.
7. Butter in einer Pfanne auf mittlerer Stufe zerlassen. Chiliflocken und Agavensirup zugeben und alles gut vermischen. Mit Salz abschmecken.
8. Süßkartoffeln mit der Buttermischung beträufeln, mit Frühlingszwiebeln bestreuen und sofort servieren.

Für eine vegane Variante kannst du den Joghurt durch die gleiche Menge einer veganen Joghurt-Alternative und die Butter durch die gleiche Menge einer veganen Butter-Alternative ersetzen.

SÜSSE SÜSSKARTOFFELN

FÜR 4 PERSONEN ALS NACHSPEISE ODER FÜR 2 PERSONEN ALS FRÜHSTÜCK

ZUBEREITUNGSZEIT: CA. 10 MINUTEN • BACKZEIT: CA. 40 MINUTEN

ZUTATEN

2 mittelgroße Süßkartoffeln
6 EL Nussmus, z. B. Erdnuss- oder Mandelmus
6 EL Skyr
4 EL Ahornsirup
4 Prisen Zimt

Als Topping

1 Banane (in Scheiben)
2 EL Blaubeeren (TK-Ware)
2 EL Granola
1 Handvoll Walnusskerne

1. Backofen auf 200 °C Umluft vorheizen.
2. Süßkartoffeln waschen und mit einer Gabel ringsum mehrmals einstechen. In eine Ofenform legen und ca. 40 Minuten im Ofen backen.
3. Die Süßkartoffeln aus dem Ofen nehmen und der Länge nach in der Mitte durchschneiden.
4. Je 2 Süßkartoffelhälften mit Nussmus und 2 mit Skyr einstreichen.
5. Anschließend die Süßkartoffelhälften nach Geschmack mit den Toppings belegen oder neue Varianten entdecken.
6. Zum Schluss jede Süßkartoffelhälfte mit 1 EL Ahornsirup und 1 Prise Zimt garnieren und servieren.

Für eine vegane Variante kannst du den Skyr durch die gleiche Menge einer veganen Skyr-Alternative ersetzen.

ROTE-BETE-ENERGY-BALLS MIT KOKOS

FÜR 12 ENERGY BALLS
ZUBEREITUNGSZEIT: CA. 15 MINUTEN

ZUTATEN

10 Datteln (ohne Kern)
4 kleine Rote Bete (vorgegart)
50 g blütenzarte Haferflocken
1 EL Ahornsirup
60 g Kokosflocken und etwas mehr zum Garnieren
1 Handvoll Pistazienkerne (unbehandelt)

1. Die Datteln in eine Schüssel legen, mit heißem Wasser übergießen und mindestens 10 Minuten einweichen lassen. Dann in ein Sieb abgießen.
2. Rote Bete in Stücke schneiden und mit Haferflocken, Ahornsirup und Datteln in einen Mixer geben. Auf hoher Stufe ca. 30 Sekunden mixen.
3. Masse in eine Schüssel umfüllen und die Kokosflocken unterheben. Ist die Masse zu feucht, noch mehr Kokosflocken einarbeiten.
4. Pistazien fein hacken und auf einen Teller geben. Kokosflocken auf einen zweiten Teller streuen.
5. Aus der Masse 12 kleine Bällchen formen. 4 Bällchen in den Pistazien wenden, 4 in den Kokosflocken und die restlichen 4 pur lassen.

Das Rezept ist vegan.

ÜBER DIE AUTORIN

Sophia Löppert ist studierte Fitnesstrainerin, Bloggerin und am allerwichtigsten: Mama. Weil Sport und gesunde Ernährung einfach zusammengehören, hat sie eine große Liebe zu gesundem, unverarbeitetem und vollwertigem Essen entwickelt und will auch andere dafür begeistern. Sophia ist überzeugt, dass Freude am Kochen und das Experimentieren mit natürlichen, frischen Lebensmitteln der Schlüssel zu einer entspannten und nachhaltigen Ernährungsform sind. Viele Millionen Menschen lassen sich regelmäßig von ihren Kreationen inspirieren und es werden jeden Tag mehr! Werde Teil von Sophias Community auf Instagram: fit_sophia_laetitia

hier geht's zu meinem Instagram-Account ♡

MICHELIN
2019
Gault Millau
2019
Foie Gras
de
Canard
mi-Cuit au
"torchon"
de la ferme
"St Grens",
Chutney de
fruits de saison,
Toast 26.–
prix net
MICHELIN
2019
2016
GUIDE HUBERT

LUXEMBOURG
Cocktails
Café
Café noisette
Café crème 5,5
Chocolat chaud 5,5
Cappuccino 6
Chocolat Viennois 6
BIÈRES pression
1664 5
Grimbergen blonde 5,5
Grimbergen blanche 6
IPA 6
VINS au verre
Bordeaux 6,5
Brouilly 6
Chardonnay 6,5
Sancerre 7,5
Côtes de Provence 6,5
Petit-déjeuner 8,5€
A l'Anglaise 12,5€

Bibliografische Information der Deutschen Nationalbibliothek
Die Deutsche Nationalbibliothek verzeichnet diese Publikation in der Deutschen Nationalbibliografie. Detaillierte bibliografische Daten sind im Internet über https://dnb.de abrufbar.

Für Fragen und Anregungen
info@m-vg.de

Originalausgabe
1. Auflage 2024

Türkenstraße 89
80799 München
Tel.: 089 651285-0

Redaktion: Caroline Kazianka
Umschlaggestaltung: Isabella Dorsch
Umschlagabbildung und Abbildungen im Innenteil: Sophia Löppert
Mitarbeit bei den Bildern: Veronika Hanickel
Satz: inpunkt[w]o, Wilnsdorf (www.inpunktwo.de)
Druck: Firmengruppe APPL, aprinta Druck, Wemding
Printed in Germany

ISBN Print 978-3-7423-2673-7
ISBN E-Book (PDF) 978-3-7453-2440-2
ISBN E-Book (EPUB, Mobi) 978-3-7453-2441-9

Wir produzieren nachhaltig
www.m-vg.de